Sob o olhar de uma mãe
UM FILHO ESPECIAL

Editora Appris Ltda.
1.ª Edição - Copyright© 2024 da autora
Direitos de Edição Reservados à Editora Appris Ltda.

Nenhuma parte desta obra poderá ser utilizada indevidamente, sem estar de acordo com a Lei nº 9.610/98. Se incorreções forem encontradas, serão de exclusiva responsabilidade de seus organizadores. Foi realizado o Depósito Legal na Fundação Biblioteca Nacional, de acordo com as Leis nos 10.994, de 14/12/2004, e 12.192, de 14/01/2010.

Catalogação na Fonte
Elaborado por: Dayanne Leal Souza
Bibliotecária CRB 9/2162

E777s 2024	Espírito Santo, Maria Luciete Barbosa do Sob o olhar de uma mãe: um filho especial / Maria Luciete Barbosa do Espírito Santo. – 1. ed. – Curitiba: Appris, 2024. 263 p. : il. ; 23 cm. ISBN 978-65-250-6988-3 1. Olhar espiritual. 2. Força familiar. 3. Através de uma janela. 4. Emoções e sofrimento. I. Espírito Santo, Maria Luciete Barbosa. II. Título. CDD – 234.2

Editora e Livraria Appris Ltda.
Av. Manoel Ribas, 2265 – Mercês
Curitiba/PR – CEP: 80810-002
Tel. (41) 3156 - 4731
www.editoraappris.com.br

Printed in Brazil
Impresso no Brasil

Maria Luciete Barbosa do Espírito Santo

Sob o olhar de uma mãe
UM FILHO ESPECIAL

Curitiba, PR
2024

FICHA TÉCNICA

EDITORIAL
Augusto V. de A. Coelho
Sara C. de Andrade Coelho

COMITÊ EDITORIAL
Marli Caetano
Andréa Barbosa Gouveia (UFPR)
Edmeire C. Pereira (UFPR)
Iraneide da Silva (UFC)
Jacques de Lima Ferreira (UP)

SUPERVISORA EDITORIAL
Renata C. Lopes

PRODUÇÃO EDITORIAL
Daniela Nazario

REVISÃO
Pedro Ramos

DIAGRAMAÇÃO
Amélia Lopes

CAPA
Ney Goes Barbosa
Maria Luciete Barbosa do Espírito Santo
Eneo Lage

REVISÃO DE PROVA
Alice Ramos

*Dedico este livro ao meu filho João Victor Barbosa do Espírito Santo,
que me inspirou nesta escrita.*

*Mostrou-me que o amor de uma mãe vai além do infinito, que com dedicação
podemos mudar o rumo de muitas coisas na vida e que o céu é o limite.*

AGRADECIMENTOS

Agradeço profundamente a todas as pessoas que aqui deixaram seu depoimento para o meu livro e que me comoveram com suas palavras.

Ao Marcos Tose, que foi nosso anjo, sem ele, meu filho não teria sobrevivido.

Ao meu esposo, Rubens do Espírito Santo, que, mesmo nas suas dificuldades diárias, me ajudou a realizar este sonho.

Ao Lucas Barbosa, meu filho, que deixou seus momentos de lazer para cuidar do seu irmão enquanto eu escrevia.

Obrigada, meu Deus.

APRESENTAÇÃO

O livro *Sob o olhar de uma mãe: um filho especial* mostra a rotina de uma família que, à primeira vista, é considerada comum. Contudo, no dia 6 de fevereiro de 2006, um dia que ficaria marcado na memória e no coração dessa família, uma grande tragédia acontecia com seu filho caçula de apenas 4 anos e 11 meses, trazendo dor e muito sofrimento a todos ao seu redor.

Dores, sofrimentos e angústias vividos nesse dia trazem para nós um grande ensinamento de vida, mostrando que estamos sim sujeitos a situações não esperadas.

Aqui vocês irão conhecer um pouco dessa família, a minha vida e a trajetória do meu filho João Victor, em uma rotina de dor e sofrimento, mas com uma grande esperança pelo caminho.

Uma criança com uma luta constante por sua sobrevivência, em que a fé e a espiritualidade dessa família são como forças para buscar um entendimento desse grande acontecimento, mostrando que a base familiar é um dos pontos para se enfrentar obstáculos ao longo dessa caminhada.

Alegro-me em dizer que a fé e o amor nos levam a caminhos muitas das vezes desconhecidos, e que pessoas atravessam nossos caminhos com um intuito de nos ajudar a passar pelos desafios e a nos guiar rumo a uma evolução espiritual.

O quase enforcamento de João Victor me trouxe várias formas de sofrimento, mas escolhi passar por elas, me levantando por ele e pela minha família.

A vida nos mostra várias formas de sofrer, cabe a nós escolhermos ou buscar passar por ela de uma forma diferente. O sofrimento purificou minha alma e me trouxe muitos ensinamentos.

Compreender o sofrimento foi uma forma que encontrei de passar por tudo que a mim era mostrado e que entendi que João Victor veio na minha vida para me ajudar a evoluir e mostrar ao mundo que uma mãe não é uma mera palavra jogada ao vento, levantamos, lutamos até nosso último sopro de vida, reconhecendo nossos erros e acertos porque somos humanos diante de um grande poder divino e que fui escolhida entre tantas.

E sempre acreditei que neste mundo não estamos sozinhos; que em qualquer caminho escolhido temos uma força bem maior ao nosso redor, emanando força, luz e muita energia.

Um abraço,

Maria Luciete Barbosa do Espírito Santo

Ninguém cruza nosso caminho por acaso e nós não entramos na vida de ninguém sem nenhuma razão.

(Chico Xavier)

Abraça teu irmão e caminha, mesmo que esse caminho seja longo e cansativo.

(Maria Luciete B. E. Santo)

SUMÁRIO

CAPÍTULO 1
O INÍCIO DE TUDO 19

CAPÍTULO 2
UM OLHAR ESPIRITUAL 22

CAPÍTULO 3
A CONFIRMAÇÃO DE QUE NÃO SERIA MÃE 25

CAPÍTULO 4
EMOÇÕES PELO CAMINHO 28

CAPÍTULO 5
A DESCOBERTA E A CHEGADA DO JOÃO VICTOR. 32

CAPÍTULO 6
DESENVOLVIMENTO RÁPIDO E PRAZEROSO 37

CAPÍTULO 7
UMA JORNADA DIFÍCIL 40

CAPÍTULO 8
DESCOBERTAS E RETORNO 42

CAPÍTULO 9
SONHOS E PREMONIÇÕES 45

CAPÍTULO 10
O ACONTECIMENTO E UMA DESPEDIDA 48

CAPÍTULO 11
UM SOPRO DIVINO. 54

CAPÍTULO 12
UM ENTENDIMENTO DO ACONTECIDO................57

CAPÍTULO 13
BATALHA PELA SOBREVIVÊNCIA E REFLEXÃO................59

CAPÍTULO 14
DOR, MEDO E A NOTÍCIA AVASSALADORA................63

CAPÍTULO 15
UM CERTO ISOLAMENTO................65

CAPÍTULO 16
A PRIMEIRA COMPLICAÇÃO................67

CAPÍTULO 17
UMA FÉ INABALÁVEL................69

CAPÍTULO 18
O MEDO DA SOLIDÃO................71

CAPÍTULO 19
RETORNO E UMA NOTÍCIA INESPERADA................73

CAPÍTULO 20
UM ENCONTRO COM DEUS................75

CAPÍTULO 21
UM AVISO DO ESPIRITUAL................77

CAPÍTULO 22
DESPERTAR DE JOÃO VICTOR E UM GRANDE TESTEMUNHO....81

CAPÍTULO 23
SAÍDA DA UTI................85

CAPÍTULO 24
ATRAVÉS DA JANELA, UMA AJUDA................89

CAPÍTULO 25
MAIS OBSTÁCULOS NESSE CAMINHO 92

CAPÍTULO 26
OS 5 ANOS CHEGARAM E JUNTO UMA REFLEXÃO 95

CAPÍTULO 27
ALGUÉM BATEU NA PORTA, UM DESCONHECIDO QUE ALEGROU NOSSOS DIAS 98

CAPÍTULO 28
CHEGADA DE UM TIO, UM GRANDE MÉDIUM ESPIRITUAL 100

CAPÍTULO 29
FECHAMENTO DE UM CICLO E UMA MENSAGEM DE ALERTA . . . 102

CAPÍTULO 30
DIFICULDADES PELO CAMINHO E UMA MÃO DIVINA ESTENDIDA 105

CAPÍTULO 31
CONFRONTOS, DECEPÇÕES, AGRADECIMENTOS E AMIZADES SIN-CERAS 108

CAPÍTULO 32
RETORNO DE UM TIO, GRANDE MÉDIUM ESPIRITUAL 111

CAPÍTULO 33
NOVA MORADIA, RENOVAÇÃO ESPIRITUAL E UM CORPO ADOE-CIDO 114
Nosso espírito se renova a cada amanhecer.

CAPÍTULO 34
CURA ESPIRITUAL E UMA MEDIUNIDADE 116

CAPÍTULO 35
FAMÍLIA 118

CAPÍTULO 36
A DEPRESSÃO, O DESÂNIMO E UM CHAMADO: MÃE! 120

CAPÍTULO 37
UMA VISITA ABENÇOADA 123

CAPÍTULO 38
O INESPERADO E UM ALGUÉM DESCONHECIDO 125

CAPÍTULO 39
UM GRANDE PASTOR E SEUS ENSINAMENTOS 130

CAPÍTULO 40
UMA BOA NOTÍCIA. 133

CAPÍTULO 41
APRENDIZADO E UM OLHAR DE MÃE. 138

CAPÍTULO 42
NOVOS HORIZONTES E UMA LONGA CAMINHADA 145

CAPÍTULO 43
MOMENTOS VIVIDOS E UM GRANDE APRENDIZADO PESSOAL 150

CAPÍTULO 44
UMA NOVA JORNADA E UM CONHECIMENTO ESPIRITUAL 155

CAPÍTULO 45
UM AVISO E UM DESPERTAR 160

CAPÍTULO 46
UM PRESENTE ENVIADO POR DEUS. 163

CAPÍTULO 47
UMA SOLUÇÃO PARA NOS UNIR EM FAMÍLIA 166

CAPÍTULO 48
A MUDANÇA E UM CASAMENTO EM DECLÍNIO. 171

CAPÍTULO 49
MINHA IRMÃ, UMA PARTIDA INESPERADA...................175

CAPÍTULO 50
ROTINA E RETORNO AO CENTRO ESPÍRITA...................181

CAPÍTULO 51
UM ENCONTRO A DOIS E DEUS FOI E SEMPRE SERÁ MEU REFÚGIO...................188

CAPÍTULO 52
UMA NOVA PORTA SE ABRIU...................191

CAPÍTULO 53
A PARTIDA, UM ADEUS À CIDADE QUE NOS ACOLHEU E UMA NOVA ETAPA SE INICIA...................194

CAPÍTULO 54
A PROCURA DE FISIOTERAPEUTA PARA JOÃO VICTOR.........197

CAPÍTULO 55
UMA NOVA RECAÍDA...................201

CAPÍTULO 56
UMA PARTIDA DOLOROSA, MEU PAI...................203

CAPÍTULO 57
NOSSO RECOMEÇO...................206

CAPÍTULO 58
SONHOS MARCANTES...................209

CAPÍTULO 59
UMA GRANDE DECISÃO E UM NOVO CAMINHO...............214

CAPÍTULO 60
OBSTÁCULOS E O PENSAMENTO
DE DESISTÊNCIA...........216

CAPÍTULO 61
UM ENCONTRO COMIGO MESMA
E A SAÍDA DO LUCAS...........218

CAPÍTULO 62
BATEU A SOLIDÃO...........221

CAPÍTULO 63
MINHA DECISÃO COMO PROFISSIONAL...........223

CAPÍTULO 64
EXPERIÊNCIAS VIVIDAS PELO CAMINHO...........226

CAPÍTULO 65
SITUAÇÃO VIVIDA E UM RETORNO PARA O LAR...........229

CAPÍTULO 66
UMA AMIZADE OU UM ENCONTRO DE ALMAS...........232

CAPÍTULO 67
DEUS ME ESCOLHEU
E ME CAPACITOU...........235

CAPÍTULO 68
UMA FAMÍLIA ESCOLHIDA POR DEUS...........238

CAPÍTULO 69
COMENTÁRIO FINAL...........241

RELATO DE AMIGOS PARA O LIVRO...........244

Capítulo 1
O início de tudo

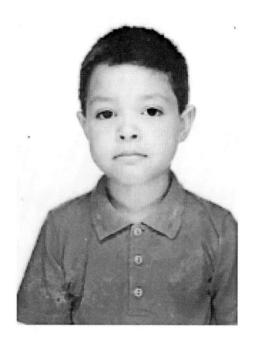

Deus está em todos os momentos de nossas vidas.

Dividir minha história e minhas experiências neste livro me fazem acreditar que, independentemente do nosso caminho, ele sempre trará um amadurecimento para que possamos atravessar desafios e aprender que o peso de uma dor nos mata aos poucos, mas que poderemos sempre lutar para nos mantermos vivos e para que possamos escolher nosso destino e dizer que nossos erros nos ensinam mais do que nossos acertos.

Nasci em uma família que tem uma história espiritual muito grandiosa.

No começo não entendia, fui crescendo e aos poucos fui entendendo o que realmente aquilo significava, não sei se aceitar seria a palavra correta para descrever aquilo que vivenciava, mas sempre respeitei e ouvi as coisas boas e ruins de tudo aquilo.

Acredito que por volta dos meus 17 anos de idade passei pela minha primeira experiência espiritual, quando contei à minha mãe, ela não falou nada, mas percebi que o que contei não foi bem aceito por ela. Mesmo porque minha primeira visão estava relacionada ao meu pai, era um assunto um tanto delicado.

Aconteceu tudo muito rápido. As dores de cabeças eram fortes e muitas vezes constantes, algumas vezes chegava a quase desmaiar, não sabia do que se tratava.

Uma tarde cheguei em casa após pedir para sair da escola, pois a dor que sentia era tão intensa que nem sei como consegui chegar. Minha irmã me viu e perguntou o que eu tinha. Relatei a dor que estava sentindo, e ela saiu do quarto, voltando com um copo de água e um analgésico. Nós três dividíamos o mesmo quarto, com um beliche e uma mesinha na cabeceira onde colocávamos nossos livros escolares. Peguei o remédio de sua mão e pedi para deixá-lo na mesinha, pois desceria da cama. Ela deixou o remédio e saiu do quarto.

Sentei-me na cama de baixo e olhei para o copo de água. Para minha surpresa, a água girava como um furacão, e dentro dela passavam imagens de forma muito clara, rápidas como um carrossel girando. Os detalhes dessas imagens foram o que mais me intrigaram. De repente, ouvi vozes vindas de trás do nosso quarto, e saí daquele transe. Achei que a dor tivesse me levado àquele estado e que estava alucinando por conta disso.

Dormi naquele dia como se precisasse repor toda a energia sugada do meu corpo e mente.

Três dias depois, a cena se cumpriu, eu amava pedalar no final da tarde, moramos em um lugar muito lindo, rodeada de floresta e animais e o pôr do sol naquele horário era maravilhoso, então fui chegando perto da imensa escadaria que tinha por onde passava de bicicleta e lá estava tudo com sua perfeição, estava vendo o que tinha visto naquele copo. Uma certeza eu tinha, não era louca nem tinha alucinado.

Passei uma semana pensando se contava a minha mãe ou a minhas irmãs. Contei a minha mãe e isso nos gerou muitos transtornos e me culpei por um tempo, pois se tivesse ficado calada, nada seria descoberto.

Mas como ter ficado calada, aquilo me assustou, não estava preparada. Essa foi a única visão de uma forma clara em toda minha vida.

Depois da minha visão, vieram os sonhos e eles eram diferentes, eu os vivia, lembrava de todos os detalhes com muita clareza, alguns me levavam para lugares desconhecidos e de repente os vivia de alguma forma, via pessoas desconhecidas e mais lá na frente eu as encontrava. Lembro-me de encontrar um rapaz uma certa vez e lhe disse:

— Te conheço de algum lugar.

— Mas eu não te conheço — ele respondeu.

Fiquei envergonhada, então decidi que mesmo que tivesse visto alguém em sonhos e os encontrasse, não faria mais aquilo, ficaria calada. Caía em buracos fundos e escuros e muitas vezes acordava com hematomas pelos braços e pernas.

Não entendia nada, me recordo de ter tido um sonho em que eu chorava muito, dores fortes e agudas, me contorcia e estava sempre só, um tempo depois fiz a cirurgia em que as dores eram desesperadoras, mas não estava só, minha mãe estava lá.

Lembro-me do dia da cirurgia, estava acordada e os médicos e enfermeiras falavam entre si, então me veio a intuição muito forte e disse pra mim mesmo, eles nem sabem o que dizem, eu escutava os seus comentários de ser muito jovem e fazer uma retirada de órgãos muito importantes naquela fase, ser mãe, um disse, tenho certeza que não.

Tinha medo das reações, então não contava o que sentia ou sonhava. Mas um dia contei à minha mãe sobre tudo que se passava, era ela e ninguém mais naquele momento, talvez ela acreditasse ou não, mas não tinha uma escolha, tinha medo e receios de tudo aquilo.

Porque me isolar não era meu caminho naquele momento, tinha uma única opção, que era encarar e passar por tudo aquilo e saber o que aconteceria lá na frente.

Mas eu sabia que minha mãe era nosso porto seguro, ela estava lá, do jeito dela, mas ela estava.

Capítulo 2

Um olhar espiritual

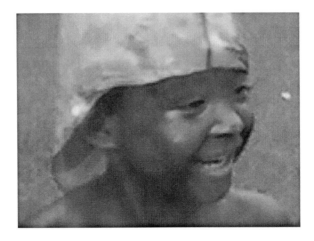

A mediunidade pode vir para o bem ou mal, mas cabe a você escolher o caminho.

O olhar de minha mãe me fez entender que ela me levaria até meu tio e assim aconteceu, ela conhecia muito bem esse mundo, talvez ela não quisesse que nenhuma de nós passasse por aquilo, uma forma de proteção, sei lá.

Meu tio é um grande médium espiritual, que desenvolveu a mediunidade aos 4 anos de idade. Lembro-me muito bem daquela noite e depois ele dizendo a ela minha mãe "Não podemos tirar o que ela tem, mas afastar, essa é uma grande proteção para ela".

Ele morava em um interior longe da cidade, íamos de barco até onde morava, nas margens do rio Amazonas, um lugar lindo, aquela imensidão de rio, águas turbulentas e uma maravilha projetada por Deus. Minha tia me conduziu para fora da casa, ficamos embaixo de uma árvore chamada na nossa região de "Bacuri". Isso era umas seis da tarde, naquela época não existia luz elétrica naquela região, então fomos guiados pela luz da lua mesmo, esse era o ritual, ela na minha frente e eu a seguia, tudo indicava que tomaria um banho, mas antes de ela começar, senti cavalos correndo e relinchando, eram muitos, não os via, mas sentia, fechei os olhos com medo e ao mesmo tempo com uma força estranha, aquilo passava por mim como uma corrente, as águas se agitavam e batiam nas paredes do barranco com fúria, eu senti que, ao meu redor, eles estavam numa forma de círculo, como forma de proteção, fiquei ali só respirando, imóvel, de repente ouvi meu tio dizer a minha tia, traz ela para dentro. Só me recordo no outro dia, sei lá, umas onze horas da manhã, mas não houve nenhum comentário sobre o assunto, ficamos por lá por alguns dias e retornamos para nossa casa.

Lá era um lugar lindo e sempre nos trouxeram lembranças boas, principalmente dos meus avós, e nossos pais sempre faziam questão de nos levar lá nas férias para não perdermos essa raiz familiar.

Mesmo depois do afastamento espiritual, nunca me senti desprotegida, eles estavam sempre ali, as intuições e os sonhos eram fortes e as direções eram sempre me dadas, às vezes seguia e outras nem me importava, era estranho, não gostava muito de sentir, eu me sentia uma jovem com espírito de alguém velho.

Meus pensamentos não eram de uma adolescente, eu sempre parava para pensar no que ia fazer, não agia por impulso e sempre pensava em como meus pais iriam se sentir seu fizesse algo que não os agradasse, esses meus pensamentos me tiraram um pouco do que era ser uma adolescente.

As vozes vinham de dentro de uma multidão, elas começaram a aparecer com o tempo, muitas vezes tinha a certeza que nem tinha dormido, pois fechava os olhos e lá estava eu naquele lugar que comparei com a Avenida Paulista, de São Paulo, tomada por pessoas, tentava me concentrar para descobrir uma única voz naquela imensa multidão e saber do que se tratava, algumas vezes conseguia entender, outras nem tanto.

Vou tentar descrever aqui como eu via: era um círculo feito por pessoas, me via lá dentro igual uma formiga perdida na multidão, de repente aquele círculo se preenchia com milhões de pessoas e eu, no centro daquilo, tinha a sensação que iriam me esmagar, elas falavam ao mesmo tempo, mas existia uma única voz que me guiava e eram sussurros de uma voz feminina. Com o tempo passei a ouvi-la, hoje ela ainda existe, mas muitas vezes vem em forma de intuição, é rápido, chega aos meus pensamentos e eu sei o que vai acontecer ou o que tenho que fazer, ficou mais leve, vamos dizer assim.

Tive premonição na morte da minha irmã mais velha, ela se foi aos 42 anos de idade. Eu soube uma semana antes que meu pai iria falecer, fiquei doente por uma semana e chorando, quando ele faleceu, eu consegui me conter, já tinha sofrido toda a dor com antecedência (quando da experiência da morte do meu pai e minha irmã, eu já era adulta, casada, e já tinha meus filhos).

As vozes muitas vezes me incomodavam, ainda mais quando estava em meio aos colegas ou em sala de aula, era uma forma de alerta muitas vezes, mas não eram sempre, a maioria vinha por meio de sonhos, não contava, não sabia como ia ser recebido por alguém. Melhorava muito quando estava em meio à natureza, até hoje tenho esse ritual, ir para o meio da floresta onde tenha verde me conecta com uma energia surreal e me deixa leve, sabe, abraçar uma árvore, é tipo isso.

Capítulo 3

A confirmação de que não seria mãe

Busca e conhecimento é um caminho para a própria felicidade.

Aos 15 anos de idade após uma cirurgia, veio a notícia de que não poderia ser mãe.

Eu era apenas uma adolescente, então aquilo me deixava confortável e me dava uma certa tranquilidade. Mas eu, como uma boa observadora, estava sempre atenta aos acontecimentos ao meu redor, eu era muito querida por crianças e meus sobrinhos, eu sempre era atraída por elas, era irônico, porque eu sabia que eu nunca poderia ser mãe, um conforto talvez ou não, mas não era tempo para pensar.

Achava que não iria casar, uma mulher que não poderia gerar filhos, temos um pensamento que por sermos mulheres, temos que gerar uma criança no ventre.

Não tive uma adolescência ruim, mas a ausência do meu pai era grande e minha mãe fez o papel dos dois, ela foi guerreira, cuidou de nós até meu pai se estabilizar e nos levar para junto dele e realmente sermos uma família unida.

Sempre fui grata a eles por tudo que nos proporcionaram dentro de suas possibilidades.

Não gostava muito de laços amorosos, sempre achava que não era para mim aquilo, sempre achei que iria ser aquela filha que cuida dos pais velhinhos, meu pensamento sempre ia para esse lado, então uma vez ouvi uma conversa da minha mãe em que dizia que as minhas duas irmãs mais nova eram inteligentes e estudiosas, fiquei ali esperando ela dizer algo de mim, mas nada saiu, aquilo para uma adolescente de 16 ou 17 anos é horrível de se ouvir, chega de uma forma totalmente desconcertante, ouvi e não questionar era meu jeito de ser. Queria ter sido aquela adolescente rebelde, sabe, questionadora, mas não conseguia, me calar era sempre a maneira que me vinha à mente.

Fui de poucos amigos, um em especial nesta fase. Cogitei em ir para um convento, uma experiência boa, conheci freiras muito amorosas, mas não era realmente minha vocação, ficou pelo caminho.

Eu procurava algo para me encaixar, já que sempre ouvia que não ia casar nem ter filhos, isso realmente me incomodava.

Na volta de uma viagem, encontrei com Rubens em um barco, nos cumprimentamos e nada mais, eu já o conhecia de vista, mas nada mais do que isso e sim aqui o destino nos deu a chance de nos encontrarmos e nada mais.

Eu confesso que fui de poucos namoros, o que gostava de fazer era dançar, amava e sempre que encontrava um namorado rolava aquele estresse de "não vai dançar com fulano" e ir aos bailes e ficar em pé observando não era minha característica, então preferia ficar sem namorados e dançar com os amigos e colegas.

Num dia desses de descontração, passeando pela praça, reencontrei Rubens, ali nasceram uma amizade e um namoro, que começou e acabou logo por alguns motivos. No entanto, um baile de sábado à noite nos uniu de novo, olha, que ironia, o destino estava realmente querendo nos unir de qualquer forma.

Ele carregava uma dor, a perda da mãe, mas ele tinha um brilho diferente, algo que nunca me chamou atenção em outros rapazes. A sua sinceridade no olhar e seu gesto de gratidão me cativaram, eu conseguia ver através dele, era muito louca a sensação que tinha quando estava na companhia dele. Ele foi bem aceito pela minha família, principalmente meu pai, ele tem uma calmaria e eu aquela furação agitada, tudo nos conectou.

Então começamos a namorar, ia tudo muito bem até meu pai ser desligado da empresa e teríamos que nos mudar, ali seria o fim daquele namoro, apesar de termos pouco tempo de namoro, mas ele me fez uma surpresa, me pedindo em casamento, tinha somente 20 anos, fiquei pensativa, eu era jovem, não conhecia muita coisa da vida, mas nunca fui de acreditar que relacionamentos à distância eram bem sucedidos, fiquei me perguntando se valeria a pena dedicar-me a uma única pessoa, não teríamos filhos, ele iria querer ficar comigo se soubesse, isso iria funcionar, sei lá.

Então contei a ele a minha história de não pode ser mãe e para minha surpresa ele me disse "se quisermos filhos um dia, adotamos", foi muito bom ouvir dele isso, me mostrava que ele não tinha aquele estereótipo de que precisamos de filhos para sermos felizes, quem disse que neste mundo você precisa ser mãe só porque é mulher ou pai só porque é homem, a sociedade te impõe isso de uma maneira não muito agradável, essa obrigação de ser mãe nem sempre nascemos com esse sentimento, não julgo.

Nós nos casamos, eu já com 21 anos de idade, um casamento rápido, mas feliz, com algumas turbulências pelo caminho, mas nada que não pudéssemos contornar e seguir em frente.

Capítulo 4

Emoções pelo caminho

A vida nos mostra caminhos a seguir, desviar dos obstáculos faz parte das nossas escolhas.

A saída dos meus pais e irmãs da cidade me deixou bem triste, mas estava começando uma nova vida e construindo uma família com meu esposo, mas me sentir sozinha me incomodava. Nesse período, minha irmã e meus dois sobrinhos vieram morar conosco, o que me ajudou muito a não me sentir tão sozinha.

Cuidar dos meus dois sobrinhos me dava aquela sensação de como seria ser mãe, e para Rubens não era diferente, éramos uma família realmente e algumas pessoas até achavam que eles eram meus filhos e que já os tinha antes de casar, mas quem nos conhecia sabia da verdadeira situação.

Uma consulta de rotina me levou à conversa de não poder gerar uma criança, o obstetra me ouviu com toda a atenção, então me sugeriu fazer uma reposição hormonal, não tens nada a perder, disse ele, se der certo ótimo, senão, vida que segue. Confesso que fiquei feliz e ao mesmo tempo apreensiva, não sabia o que me esperava, poderia colocar toda a minha expectativa ali e no final sair frustrada, tinha acabado de casar, mas iria tentar.

Comecei o tratamento, durou um ano e no final a surpresa, estava grávida do meu primeiro filho, Lucas. Foi fácil não, com certeza não, risco de aborto nas primeiras semanas, e mesmo assim eu estava lá firme e forte esperando o que Deus tinha me reservado.

Minha irmã era meu suporte, ela estava sempre lá para me ajudar a passar os meses que não poderia me levantar e fazer esforço para não perder meu bebê.

No final, um lindo filho, estava satisfeita, tinha um filho, nossa, tem alegria maior, não né?! A felicidade não cabia em meu peito.

Uma grande alegria para todos nós, uma criança muito esperada e amada, foi assim que Lucas foi recebido, com muito amor.

O médico me disse "se quiser uma segunda gravidez, podemos aumentar as dosagens hormonais" eu disse, não, a primeira foi difícil demais, hormônios, inchaços, irritação e muito mais, estava feliz com um menino apenas.

Tudo ia muito bem, meus planos e do meu esposo eram somente um filho, ele me dizia que não queria que eu passasse tudo aquilo de novo para termos um segundo e então me conformei de uma certa forma, era somente Lucas, estava decidido. Ah, mas Deus que sabe de todas as coisas e deve ter dito lá de cima: "Tu vais receber mais um anjo para chamar de filho e amá-lo com toda tua alma e teu ser", é o que sempre pensei.

Quando meu filho Lucas completou 1 ano e 6 meses, um dia senti um desconforto no estômago, não me veio outra coisa na mente que não fosse outra gravidez, aquela sensação foi muito forte que nem sei explicar, fiquei um tempo parada na frente de um espelho que tinha dentro do meu closet, algo me dizia, tem outro bebê, mas eu não queria acreditar, sem tratamento, não, impossível, eu ouvi meu médico me dizer que não conseguiria se não fizesse a reposição hormonal mais uma vez.

Meu primeiro pensamento foi de ir à farmácia comprar um teste para fazer, chegando próximo ao local disse para mim mesma, vai ao hospital logo, nada de teste de farmácia, meu esposo não estava em casa, então era somente eu.

Lembro-me de chegar ao consultório da médica, nem marquei consulta, só queria fazer o exame (BHCG) para tirar a desconfiança, então ela me perguntou, o que te trouxe aqui sem consulta marcada? Eu disse para ela que estava grávida, mas precisava fazer o exame, ela me olhou e me disse: "a primeira paciente que já vem com o diagnóstico antes do médico", e sorrimos juntas. Para minha surpresa, estava realmente grávida de doze semanas (três meses) e não sabia, no primeiro momento fiquei assustada, como aquilo poderia, sem tratamento, tinha um bebê ainda para cuidar, que não foi fácil, e um segundo a caminho, o que irei fazer, me bateu um desespero naquele momento.

Lembro que peguei o resultado, sentei em uma cadeira que ficava no corredor do hospital, estava sozinha, quando li "POSITIVO", comecei a chorar, alguém sentou do meu lado, ela uma obstetra que tinha feito meu primeiro parto, trouxe Lucas ao mundo, ela tentava engravidar e não conseguia, ela segurou minha mão e me perguntou, choras por quê? Então respondi, estou grávida e ela me disse, e qual é o problema disso? Sei lá respondi, não estava preparada, eu já tinha uma opinião formada em não ter mais outro filho e Lucas era pequeno, então ela me disse, pensa na mãe jovem que tu vai ser, teus filhos vão crescer próximos um do outro, quando tu olhares para trás tu vais dizer, que bom que foi nessa fase. Ela me arrancou um sorriso quando disse, tu vais para balada com eles dançar; aquilo me ajudou a melhorar a angústia, medo, sei lá o que era, mas uma coisa eu sei, não estava renegando-o, jamais.

Era como se eu sentisse que ali era o começo de uma grande alegria, mas também a caminhada para uma grande dor e sofrimento para meu filho e, de uma certa forma, para nossa família, aquela que construímos com tanto amor e dedicação.

Devíamos ter entendimento dos acontecimentos que a vida nos dá, mas não viemos para este mundo com lembranças de outras vidas, então não temos escolhas, temos que passar pelas provações da vida.

Mas ele viria para nos dar uma grande alegria, dois filhos, sem esperar, eram um presente realmente divino.

Capítulo 5

A descoberta e a chegada do João Victor

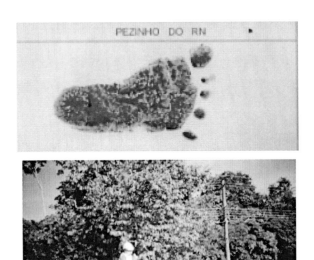

*Não perca seu tempo reclamando de coisas
pequenas que não irão te servir.*

Para nossa surpresa, era outro menino, João Victor Barbosa do Espírito Santo, nasceu no dia 15 de março de 2002, às 17h10minhs, com 51 centímetros de comprimento, pesando 3,365 kg.

A minha segunda gravidez gerou muitos conflitos internos em mim, talvez por medo de me sentir sozinha novamente. Na minha primeira gravidez, era apenas meu esposo e eu, sem ninguém para nos orientar. Dois pais inexperientes, compramos revistas para aprender passo a passo como dar um banho no bebê, com medo de afogar nosso filho. Enfrentamos dificuldades, como a falta de leite e o bico do meu seio rachado. Naquela época, não tínhamos acesso a toda a informação que temos hoje, mas, apesar de tudo, conseguimos vencer essas dificuldades.

Eu trouxe para minha vida a experiência com Lucas como um grande aprendizado. Sabe por quê? Eu tinha minha irmã, que já era mãe, e sempre achei que ela estaria ao meu lado nessa fase. Mas, infelizmente, isso não aconteceu. Duas semanas antes de eu ganhar Lucas, ela tirou férias. Desentendemo-nos, e ela, talvez para me punir, saiu de férias com os filhos. Perguntei a mim mesma e ao meu esposo:

— E agora, o que será de nós?

— Não nascemos sabendo tudo, vamos aprender — ele, com tranquilidade, respondeu.

E assim foi nossa experiência com o primeiro filho.

Mas a chegada do João Victor me causou medo, ele veio ao mundo antes do esperado, tive diabetes gestacional, fiquei muito inchada e azia até o último dia de gestação.

Foi um parto muito doloroso, em todos os sentidos, mas o que mais veio foi a dor de achar que iria perdê-lo, ele era grande, ele não ajudava muito, dava impressão que ele queria desistir de nascer, então me desesperei, aquilo pra mim não era normal, mãe sente quando algo não está bem com seus filhos.

Devido ao parto prematuro de João Victor, eu ainda não havia feito alguns exames que estavam agendados para a semana seguinte. Fui colocada em uma sala de exames, e não em uma sala de pré-parto, onde escutava o coração do meu filho enquanto era induzida ao parto. O médico me disse:

— Precisamos tentar dar à luz ao João Victor imediatamente para evitar complicações — isso me deixou ainda mais desesperada.

Minhas forças estavam se esgotando e meu filho parecia estar sem forças também, então, pedi à enfermeira:

— Por favor, chame a médica que fez o parto de Lucas.

Ela respondeu que a médica estava em uma reunião e não poderia ser chamada. Eu insisti:

— Meu filho vai morrer se ela não vier me ajudar. Eu sinto isso profundamente — a enfermeira saiu e, quando voltou, trouxe a médica. Eu já tinha vários hematomas roxos na barriga e o médico que me atendia me forçava a fazer força, deixando marcas por toda a minha pele. Eu tentei várias vezes lhe dizer: O parto não deve ser assim, mas percebia o medo em seu olhar.

Quando a médica chegou e viu a situação, gritou para o outro médico da porta:

— Você vai matar Luciete e o filho!

Ela me acalmou e, apesar de sentir que minhas forças estavam se esgotando e que não conseguiria continuar quase acreditando que poderia morrer junto com meu filho. Eu sou imensamente grata a ela. Ela trouxe a calma e a certeza de que ficaríamos bem. Nunca desejo esse tipo de sofrimento a nenhuma mãe.

Eu sou o tipo de mulher que não tem dor, o filho tá nascendo e eu de boa, tenho que ser estimulada para ter as contrações, a bolsa não rompe, como é na maioria das mulheres.

Meu trauma veio nesse parto, ele queria nascer, mas eu não tinha passagem, na sala de parto fui anestesiada, mas não dava tempo para esperar a anestesia fazer o efeito e o corte veio a sangue frio, era a vida dele e assim ele nasceu chorando e desesperado de fome.

Ele nasceu dentro da bolsa "empelicado", assim como Lucas, mas a dele não rompeu nada, só me recordo da pediatra correr e dizer retira do nariz dele, ele precisa respirar lá mesmo ele mamou, nem esperou tomar banho. Este é João Victor, nasceu com a pele amarelada, "icterícia", mas bem pouco, somente dois dias de tratamento no hospital e depois banho de sol em casa ajudou a curar.

O menino tinha uma vontade enorme de comer, desde que nasceu, eu sou aquela mulher que tem o leite forte, vamos se dizer assim, muita gordura e com poucos meses João Victor estava com o peso bem elevado, amava desde pequena música, eu cantava e algumas vezes coloca para ele escutar, para ele relaxar e me dar um tempo pelo menos para tomar banho. Ah, o berço parecia ter formigas, porque quem disse que ele queria dormir lá, o negócio dele era dormir na cama igual do seu irmão, quem disse que eu carregava sozinha a fofura que era, sempre precisava da ajuda do pai para sairmos.

Um dia minha tia me disse que ele era lindo como um anjo, e que Deus tinha sido generoso conosco, pois nos deu um dos anjos mais lindo que existia no céu.

Nessa fase tive que dar chupeta para ele, porque meus seios começaram a ficar doloridos de tanto que ele mamava, tinha que ter um equilíbrio, senão eu não dava conta.

Tive alguns indícios de depressão pós-parto, ele era muito agitado e nessa fase meu esposo estava começando uma nova jornada na sua carreira, então não foi igual ao primeiro, em que ele estava lá para me apoiar e me ajudar pelo menos a dormir, que é uma das coisa que nos maltrata muito com uma criança recém-nascida, ficou mais complicado para mim porque eu tinha duas crianças e Lucas regrediu tudo que pode, eu literalmente carregava duas crianças, minha irmã quando podia estava lá para me ajudar.

São lembranças que me enchem de emoção, porque recordar uma fase tão boa da vida e do meu filho é muito gratificante para mim e com certeza para muitas mães quando param para recordar uma fase dessa na vida.

Lógico que tivemos altos e baixos, mas confesso que sempre guardo na minha memória e no meu coração os melhores momentos do meu filho caçula.

Amamentei João Victor até 1 ano e 6 meses, mas precisei desmamá-lo nessa idade, pois ele já estava com 14,5 kg, e nem havia mais curva no cartão de crescimento para ele. Ele começou a andar aos 8 meses, e seus dentes nasceram muito cedo; com apenas 3 meses já tinha um dente formado na boca. Tudo nele parecia ter pressa para acontecer. Ele amava música, e durante a gravidez, quando ele ficava agitado na minha barriga, eu colocava música para acalmá-lo, o que sempre funcionava. Até hoje, basta colocar uma música e ele dorme com uma tranquilidade única.

Eu também tinha um receio de que ele fosse roubado, pois era uma criança que ia com todos que lhe ofereciam um braço.

Me recordo de uma colega me dizer que Deus tinha sido generoso comigo e Rubens, pois ele tinha nos dados filhos que tinham nossas características parecidas, Lucas era cópia do Pai e João Victor a minha e todos os dois com os cabelinhos parecido de anjos, todos em formato enrolados e até hoje guardo os cachinhos dentro do envelope, coisas de mãe, vocês vão me entender, sei que vão.

Uma fase de amor, cumplicidade e muito amor.

Eu acredito que amei e amo meu filho com todas as minhas forças dentro de mim e feliz por ter sido escolhida para ser sua mãe.

Sei que entreguei tudo de mim nessa fase, não tenho nenhum arrependimento quanto a isso, ele foi e é amado por todos.

Amar está dentro de uma grande evolução que só entende quem ama ou já amou um dia.

Um sentimento que nos afaga, mas ao mesmo tempo nos aprisiona, que não sabemos como deixar ir, principalmente quando nossos filhos criam asas e batem rumo ao seu destino, mas que se faz necessário.

Capítulo 6

Desenvolvimento rápido e prazeroso

O caminho é seu, a luta é sua, não espere por ninguém.

Ah, João Victor amava jogar bola, minha cunhada era a goleira, coitada, quebravam todas as unhas dela, mas ela ficava lá com eles, sentir dor parecia não existir para ele, muitas vezes ele chutava o asfalto ou a grama no futebol, machucava a ponta do dedão do pé, ele não chorava, corria e me dizia "mãe, cura o dedo do João", fazia o curativo, e quando saía, ele já estava lá jogando bola de novo.

Ele ficava chateado se esquecessem de colocar o acento no nome dele, ele chamava de "cobrinha".

Criou uma coisa no nome, no final do sobrenome ele colocava "amém", um dia a professora me chamou para perguntar se tinha no nosso sobrenome, por isso descobri, porque nosso sobrenome é "do Espírito Santo", aí o "amém" no final que ele criou, coisas de João Victor.

O nome dele iria ser somente João, em homenagem ao meu avô, pai do meu pai, mas aí minha irmã me disse "não, coloca um segundo nome, porque eu trabalho naquela empresa (uma empresa de recrutamento) e lá tem muitos João e adivinha, pra que eu não confunda vou colocando nas fichas, João pedreiro, carpinteiro e por aí vai", então acatei a ideia dela e escolhemos o Victor, que era um nome carinhoso que minha mãe chamava meu pai, nunca entendi porque, mas é bonito, pedi permissão para meu pai e ele concordou e dei o nome dele para meu filho, João Victor.

Sempre digo que ele chegou devagarinho, mas muito amado por todos, sem aviso prévio, quando descobrimos, ele já estava lá instalado há três meses na barriga da mamãe.

Sempre descrevi João Victor como "meu menino que nasceu pronto", tudo nele era alto astral, muito curioso, bastava ensinar uma vez e lá estava ele fazendo igual, amava seu irmão mais velho.

Acordá-lo pela manhã era a dificuldade maior, mas bastava minha irmã dizer que tinha um mingau pronto na mesa do café que era rapidinho que ele levantava e ia tomar banho.

Quem disse que ele deixava minha irmão ou minha sobrinha ou eu arrumá-lo para a escolinha, não, ele mesmo se vestia, calçava os sapatos com os lados trocados, mas para ele, aquilo era ser grande e ele dizia, mãe o João não é um bebê, eu deixava ele ir dessa maneira com os sapatos trocados, avisava a professora e lá ela ajudava a trocar para os lados certos, quantas vezes cheguei a buscá-lo na escolinha e ele dormindo no colchão, ele era pequeno, mas gostava de estar ali com as crianças.

Onde chegava, fazia questão de apresentar seu irmão mais velho e dizia que o irmão dele era príncipe, isso cativava as pessoas ao seu redor, ele tinha um único amigo da mesma idade que a dele que estavam sempre juntos e nossas famílias se juntavam por eles.

Sempre queria fazer coisas com seu irmão, teve uma infância muito feliz, jogar bola, cantar, tocar bateria e andar de bicicleta era sua felicidade.

Quando olho para a infância de João Victor, interrompida tão bruscamente, ainda me sinto profundamente mexida. Nunca saberei como seria passar por todas as fases da vida ao lado dele.

Sempre me dediquei para que ele e seu irmão tivessem uma infância feliz, fiz o que estava ao meu alcance, mas creio que meu objetivo foi atingido na infância dos meus filhos.

Às vezes me perco em pensamentos quando alguém fala de filhos e fases da adolescência, eu sempre imaginei passar por ela com eles, mas não aconteceu, mesmo assim busquei entender esse mundo que sempre quis ter com meus filhos.

Então se você teve ou vai ter essa chance, aproveite, cada fase com nossos filhos é de uma grande aprendizagem.

Capítulo 7

Uma jornada difícil

Aprenda a agradecer a Deus por todas as coisas.

Mesmo sendo uma jornada difícil nessa fase, duas crianças pequenas, não foi fácil, eu era mãe e pai ao mesmo tempo, porque meu esposo estava numa nova jornada de carreira e precisava ficar mais tempo ausente.

Mas sempre fui uma mulher sortuda, pois sempre tinha alguém ao meu lado para me ajudar com eles, tias, tios e sobrinhos eram presentes para me ajudarem.

João Victor foi muito cedo para a escolinha (ele chamava assim), com 1 ano e 2 meses (ele era pequeno, não tinha turma, mas chorava todas as manhãs porque seu irmão ia e ele não, então a dona da escolinha conseguiu abrir uma turma com a faixa etária dele, feliz ficou meu pequeno), lá estava ele, se dedicando aos desenhos e a leitura, feliz, pois seu irmão estava sempre junto.

Ele era agitado, mas não era uma criança de bater ou xingar outras crianças, nós sempre orientávamos os dois.

Ele era muito esforçado e com 3 anos, já tinha sonhos, achava aquilo muito precoce, mas era ele JOÃO VICTOR, aos 4 anos já sabia ler, era sempre incentivado, ele queria ser "garçom", dizia que iria cozinhar para mim sempre.

Amava comer maçã, sua fruta preferida, detestava cebola, suas sandálias e sapatos eram sempre com luzes coloridas, me dizia que com as luzes nós o achávamos em qualquer lugar. Era imperativo, mas uma criança feliz e alto astral, apaixonado pelo pai, como aprendeu a ler muito cedo, lia as revistinhas e contava as histórias muito bem, um dia pegamos ele lendo o livro do seu pai, que era de finanças, muito apaixonado por animais, por ele a casa seria cheia deles (sapos, cachorro e gatos).

Quando ele não sabia ler ainda, ele lia as figuras e sempre nos contava o que os personagens estavam dizendo, ah, a fase do "POKÉMON", eu tinha que aprender as músicas para cantar antes de eles dormirem.

Nessa fase tentei dar o meu melhor como mãe.

A vida passa muito rápido diante dos nossos olhos, muitas das vezes é como se fosse um filme, você assiste e fica para trás, então tente passar as fases com seus filhos e guarde em suas memórias tudo que lhe trouxe prazer, se tiver tido dor, tudo bem, veja o que você tirou dessa dor, se nessa dor houve algo positivo, siga em frente, mas senão, então deixe-o para depois e veja se vale apenas assistir.

Capítulo 8

Descobertas e retorno

A vitória vem sempre através de uma grande luta.

João Victor, aos seus 4 anos de idade, foi submetido a uma prova para trocar de série, pois era bem adiantado para sua faixa etária, felicidade era grande, pois iria para a "escola grande", logo com seu irmão.

Ele sentia um prazer muito grande em apresentar seu irmão a outras pessoas, Lucas sempre foi tímido e João sempre o ajudava a passar por essa timidez.

Depois de me dedicar a duas gestações, aos poucos fui voltando às minhas rotinas, estava me sentindo pronta, meus filhos estavam bem e começando suas jornadas na vida.

Eu tinha um pensamento enraizado comigo, de que eu iria cuidar deles da melhor maneira possível, isso também era bem tranquilo, meu esposo me dava essa condição e abracei tudo ao redor dos meninos.

SOB O OLHAR DE UMA MÃE

Quando meus filhos chegaram na faixa dos 3 a 4 anos, já eram capazes de me contar se algo ruim estivesse acontecendo com eles. Isso me dava mais confiança para seguir com a vida, mesmo com eles ao meu lado. No entanto, é muito difícil para nós, mães, sair de casa e deixar nossos pequenos, especialmente quando a necessidade financeira nos obriga a isso. Chega um momento em que precisamos deixá-los com alguém para cuidarem deles, mas nem sempre encontramos pessoas bem-intencionadas. Sempre procurei manter uma vigilância cuidadosa, pois meu apego era grande. Ter gerado dois filhos, algo que eu nunca imaginei conseguir, me fez refletir muitas vezes sobre a dificuldade de sair de casa e deixá-los, mesmo que na companhia de outra pessoa.

Não era bem a minha necessidade, mas eu queria ir além, não queria o título só de mãe e esposa, sentia que eu precisava me mostrar para o mundo e conquistar meu espaço.

Nessa fase de retorno, minha irmã mais velha me ajudou muito com eles, começando com os de colocar para dormir, enquanto eu ia estudar, ela tinha esse prazer e eles a amavam.

Mas nem tudo estava bem, não sabia o que a vida me reservava, principalmente para mim quanto para João Victor.

Entender meus temores e experiência espiritual antes do acidente do João Victor foi uma tarefa bem árdua, nem sempre sabemos de onde vem nem como vem, o medo do julgamento era a principal preocupação que eu tinha.

Bem, depois de meus filhos estarem com uma idade boa, voltei a estudar e fazer cursos dentro da área que queria seguir, minha vontade era ter uma carreira.

Dediquei-me à área financeira, não foi fácil, mas minha irmã mais velha estava lá para me ajudar, ela era minha incentivadora, me mostrava que não era porque tinha dois filhos que tinha que ficar parada no tempo, terminei meu segundo grau e em seguida comecei meu técnico em gestão financeira.

Uma jornada difícil, mas de muito aprendizado, quando fazemos o que gostamos tudo flui. Lembro-me de querer estagiar em um certo local, mas não deu certo, então me designaram para um outro local, uma grande empresa na área de alimentação, não achei ruim, eu queria saber de mexer com números, era somente isso e ali tive um grande aprendizado, só me reforçava o que já sabia, era nessa área que queria seguir.

João Victor muitas vezes aparecia no final da tarde para me buscar com sua irmã (minha sobrinha que para eles era como irmã), ele ficava pulando para eu vê-lo pela janela, meu chefe de departamento dizia, Luciete olha pela janela, lá estava ele pulando para chamar minha atenção, ele me dizia, deixa ai, amanhã tu termina, vai, era tão gratificante aquele carinho dele com todas nós (éramos só mulheres ali, com exceção dele, lógico) naquele departamento. Saíamos de lá, íamos em direção ao parquinho, ele tinha que ir no escorrega antes de irmos para casa.

Já na reta final do meu curso técnico em gestão financeira, nos deparamos com um problema de uma colega que trabalhava na empresa, ela era secretária, então me convidaram para cobrir o seu posto, eu nem pensei direito, pois sabia que o sofrimento dela era grande, precisava ir para outra cidade fazer o tratamento pela qual estava passando naquele momento, aceitei para ajudá-la, pois aquela área não era meu foco, mas eu sempre fui uma pessoa de me solidarizar com as outras e ali não ia ser diferente.

Quando somos mãe entendemos que nossos filhos viram nossas prioridades e o que tivermos que deixar, deixamos sem nem olharmos para trás.

Fiquei cobrindo-a, até me pedirem minha carteira de trabalho para assinar, isso era uma sexta-feira.

Uma grande ironia do destino, foi assinada na sexta-feira e o acidente na segunda-feira, quem entende essas coisas.

Alguns desígnios, Deus nos mostra que nos assolam, mas estamos lá, esperando pelo seu direcionamento.

Capítulo 9

Sonhos e premonições

Paremos para refletir o silêncio do céu, pois ele te diz muito.

Entender a manifestação e a permissão de Deus para tudo o que acontece é um desafio. Somos espíritos em evolução neste mundo, muitas vezes sem um entendimento pleno do que ocorre.

Parei muitas vezes para tentar entender tudo aquilo, achar algum propósito naquilo tudo, eu era apenas uma jovem tentando mudar o rumo de um destino que achava que era meu, eu achei que tinha criado meu caminho, mas ele me foi traçado há muito tempo por alguma razão que até hoje desconheço.

Tentei entender o que era tudo aquilo que me movia e me chamava de uma certa forma, as noites mal dormidas, os medos e até mesmo o receio de morrer, desenvolvi medo de altura, coisa que não fazia parte da minha vida e até hoje tenho, achava que as premonições era eu deixando a terra e voltando para o plano espiritual, sabe, quando somos solteiros, sem compromissos, tudo é uma festa, a alegria e a vontade de fazermos coisas arriscadas fazem parte, mas quando você casa e tem filhos, mudam esses pensamentos, nossos medos são maiores porque a dor de pensar que você pode ir e deixá-los aqui sem proteção, sem saber quem vai cuidar, não somos melhores que nossos maridos, mas o amor de mãe é diferente, é um amor às vezes egoísta, mas de uma explosão de sentimentos que somente nós sabemos que carregamos dentro de nós, dá até um aperto na alma e acabamos nos recolhendo por esses medos. Mas então tudo aconteceu numa velocidade assustadora.

Dois meses antes do acidente do João Victor, comecei a sentir a espiritualidade mais próxima a mim, não sabia o que fazer, meu esposo não sabia dessa parte da minha vida, tinha medo se seria interpretada de uma forma ruim, guardei tudo aquilo para mim, mais uma vez.

Os sonhos eram constantes e as intuições eram bem mais fortes, saía muitas vezes de casa com um aperto no coração e na alma, mas não entendia bem esse sentimento.

A voz era de uma mulher, não a via, mas a sentia, os sonhos eram sempre nos mesmos horários e sempre acordava em pé no mesmo lugar, embaixo do chuveiro, algumas vezes com ele aberto e eu toda molhada.

Estava ficando louca, era meu pensamento. Ela me dizia "pega teus filhos e vai embora", passei um mês e meio tendo o mesmo sonho, sentia algo ruim no peito, na alma, mas não sabia o que fazer.

Um dia acordei de mais um sonho e decidida a conversar com meu esposo a respeito, era minha única chance de passar por aquilo e talvez ele não me deixasse sozinha com tudo e me entendesse.

Uma tarde cheguei em casa e fiquei no gramado da frente, brincando com meus filhos e esperando meu esposo chegar, eu tinha que falar com ele ali, naquele lugar, não sabia porque, mas era ali.

Ele chegou e ficamos ali conversando e olhando os meninos brincando de bola no gramado. Então pela primeira vez, achei a coragem e contei a ele sobre a questão espiritual minha e da minha família, sei que naquele momento ele pensou "casei com alguém louca", sei lá.

Compartilhei com ele meus sonhos e a vontade de partir com nossos filhos. Ele, no entanto, virou-se para mim e disse:

— Vamos para onde? Minha carreira mal começou, acabei de me formar. Deixar tudo para trás agora? Aqui, tenho crescimento e estabilidade. Lá fora, não conheço o mercado de trabalho e nem tenho ninguém para me apoiar. Pense melhor. Sonhos são sonhos — se virou e foi embora, me deixando naquele gramado sozinha com meus pensamentos.

Vê-lo caminhar e me dar as costas me deixou frustrada, só eu sabia a dor que sentia de tudo aquilo, e aí me vieram os questionamentos, por que dos sonhos e a angústia.

Algum tempo depois eu entendi que ali eu tinha feito a minha escolha, pois deixei-me invadir pelas palavras ditas naquela ocasião.

Sabe como eu sei da minha escolha? Ela apareceu no meu sonho há muito tempo, já depois do acontecido, voamos entre árvores, lagos e rios, chegamos na nossa antiga casa onde tudo aconteceu, nós, ela e eu, ficamos do alto vendo a cena se passando.

Eu cheguei e encontrei as crianças. Brincamos e rolamos no gramado. Rubens chegou e jogou bola com os meninos. Depois, ele veio sentar no meio-fio da calçada da garagem comigo, me abraçou e ficou me olhando. Estávamos conversando sobre o assunto quando ele se levantou para entrar em casa. Foi então que eu a vi: ela estava furiosa com ele. Certamente queria fazer algo contra ele, porque foi atrás dele. Eu a impedi, dizendo:

— Deixa ele — e abaixei a cabeça.

— Fizeste a tua escolha — ela disse.

São escolhas, temos o livre-arbítrio.

Nessa fase João Victor começou a sentir medo de altura, coisa que não tinha, e não querer dormir só, ele sempre me dava uma desculpa para estar junto a mim.

Mas tive uma surpresa, depois daquela conversa, algo mudou, não tive mais os sonhos, olha que legal, foi bom, porque não precisei pensar mais naquilo, como se tivessem tirado tudo aquilo dos meus pensamentos, me causando um certo conforto.

As intuições fortes se acalmaram, vamos dizer assim.

Não parei para pensar em nada, somente seguir a vida e continuar o que estava fazendo, pois achava que tudo era pintado de cor-de-rosa e que ninguém nem algo passaria pelas nossas vidas nos devastando com um grande furacão.

Capítulo 10

O acontecimento e uma despedida

A fé te salva dos teus medos e dores.

Os dias foram passando e tudo parecia bem. Então, assumi o posto de secretária, como mencionei. No dia anterior, pediram minha carteira para ser assinada. Estava tudo perfeito para mim; seria uma experiência única e meu intuito era ajudar alguém naquele momento. Eu sabia que ela — a antiga secretária — precisava do emprego, mas a saúde do bebê dela era mais importante naquele momento. Sabia que, no dia em que ela voltasse, o posto seria dela novamente. Eu não queria nada de ninguém; essa sempre fui eu, pois meus sonhos eram outros.

Tivemos um fim de semana muito agradável em família, me lembro que no sábado fomos para casa da nossa amiga, três meninos juntos, correram, brincaram, tomaram banho de piscina e ele como sempre era o mais agitado de todos, sempre alegre e intenso e por onde passava arrancava atenção e carinho das pessoas.

No domingo saímos para pedalar todos juntos e finalizamos no parquinho, eles gostavam muito dali.

Nunca saia de casa sem dar um abraço ou um beijo, até mesmo dizer um EU TE AMO para seu filho, as coisas acontecem numa fração de segundos e o que fica geralmente são as últimas lembranças vividas.

Dia 6 de fevereiro de 2006, uma data nunca esquecida, uma segunda-feira, um dia aparentemente normal como os outros, a rotina foi a mesma, as férias tinham terminado para as crianças, começavam as aulas, somente Lucas começaria, João Victor iria dois dias depois. Nessa fase ele tinha 4 anos e 11 meses. Fui trabalhar como o habitual e depois retornei para o almoço, João Victor tinha um hábito, ele sempre me esperava para almoçar, nesse dia não foi diferente.

Cheguei e a primeira cena que vi foi ele deitado de barriga para baixo no tapete da sala, com muitas canetinhas espalhadas pelo chão. Ele estava desenhando a família dele.

— Olha, mãe! — ele exclamou, levantando a cabeça com um sorriso radiante.

Aproximei-me e olhei para o desenho. Lá estávamos: o pai e eu de mãos dadas, ele e Lucas de cada lado, e ao lado deles, meus sobrinhos, que sempre foram como irmãos mais velhos para eles. Acima de nossas cabeças, um sol brilhava.

— Que lindo desenho, meu amor — eu disse, emocionada — Você desenhou todo mundo?

— Sim — ele respondeu orgulhoso — essa é a nossa família.

Nunca esqueci aquele desenho; ele está gravado até hoje na minha memória.

A moça que cuidava deles me disse que ele não tinha almoçado, então o chamei para almoçarmos juntos. Durante o almoço, ele me perguntou:

— Mãe, posso desenhar naquele caderno que você me deu para levar para a escola grande?

— Claro, meu filho, mas você precisa me prometer que vai deitar na sua cama e ficar lá desenhando, aproveitando para descansar até mamãe chegar em casa — respondi.

Sempre havia alguma reclamação sobre João Victor, como: ele foi jogar bola no sol ou ficou batendo a bola no muro e incomodou o vizinho — coisas normais para uma criança da sua idade —. Mas, quando possível, tentávamos evitar esses comportamentos para não criar confrontos com as pessoas ao nosso redor. Lembro-me de um dia em que a vizinha da outra rua me chamou, preocupada com ele. A moça que cuidava dele enchia a piscina e o deixava lá sozinho tomando banho. Isso foi uma das razões que me fizeram retirar os banhos de piscina das tardes do João Victor, pois sem supervisão era um grande risco. Agradeci à vizinha; ela também tinha dois meninos naquela época.

Então, fomos cumprir o prometido. Tudo aconteceu muito rápido, mas, ao mesmo tempo, foi um longo e devastador processo. Minhas lembranças voam, e aquele dia volta à minha mente como um sopro.

Eu levaria Lucas até a escola naquele dia e depois iria para o trabalho, ele estava sendo arrumado na sala pela minha sobrinha, meu cunhado estava no pátio fazendo a retirada das rodas da bicicleta do João Victor, ele não queria mais, me dizia que não era mais um bebê, a moça que tomava conta deles estava retirando as louças do almoço, lembro-me dela na cozinha, e eu segui para o quarto com João Victor, que ficava bem de saída para a sala, nesse corredor tinham dois quartos e um era o deles dois.

Entrei no quarto com ele, mas não entrei totalmente, fiquei na porta, estava quase atrasada, e em cima da sua cama estavam os cadernos, as canetas, mochila, todo material escolar dele, para o começo de sua aula, ele olhou para mim e perguntou:

— Posso desenhar neste caderno?

— Claro que pode — respondi.

Da porta fiquei olhando para ele, atrás da porta, estava a rede, bem bonita, tínhamos ganhado de uma colega que nos trouxe de um passeio que fez ao Nordeste, gostávamos dela, era grande e cabíamos nós quatro dentro; ela estava em um formato enrolado, e enganchada

SOB O OLHAR DE UMA MÃE

no ganchinho atrás da porta, ela não ficava lá, era guardada e somente usada quando estávamos todos juntos.

A moça que tomava conta deles fez uma viagem e quando retornou na madrugada me chamou na janela do meu quarto e disse:

— Perdi a chave do meu quarto, não tenho como abrir, posso dormir no quarto dos meninos?

Claro que concordei, abri o guarda-roupa tirei a rede e dei a ela.

Quando fui deixar João Victor no quarto e estava prestes a sair, olhei várias vezes para aquela rede. Algo me dizia: "tira de lá", mas outra voz me dizia: "não, ela é tão alta, ele não alcança".

Não entendi os avisos a mim enviados, até hoje me sinto fraca em relação a isso, pois a minha pressa de tomar meu banho, correr para deixar Lucas e chegar ao trabalho me atrapalhou e não me deixou pensar e entender o aviso a mim enviado, tinha pressa porque eu era a responsável em abrir a porta do prédio para todos entrarem e trabalharem, sempre tive esse problema comigo de não deixar ninguém esperando por mim, é uma coisa inadmissível ao meu ponto de vista, então precisava sair tudo do jeito certo.

João Victor amava pular das cadeiras, e tentava escalar a parede, dizia que era o Homem Aranha, por isso, sempre ficávamos atentos a tudo ao seu redor.

Da porta mesmo disse, mamãe vai tomar banho e me arrumar que irei pegar o ônibus para levar seu irmão até a escola, ele me respondeu, tá bom mãe e depois sou eu né mãe? Sim, daqui a dois dias será sua vez de ir para a escola grande.

Meu último adeus a João Victor, digo isso porque foi a última vez que escutei sua voz, seu chamado por mim, porque depois tudo sumiu, até hoje guardo na memória o seu rosto, seu sorriso daquela tarde.

Fui rumo ao banheiro tomar meu banho rápido, pois as horas estavam bem apertadas para sair. Me recordo de estar embaixo do chuveiro e com a mão no botão para desligar o chuveiro, quando senti uma dor no peito que descrevo como um fogo me passando no peito me queimando, uma sensação de calor e aperto ao mesmo tempo e percebi que tinha molhado o cabelo, pois não iria lavá-lo, então, a voz voltou rápida e tocante na minha cabeça, e me perguntou "cadê João?", me virei muito rápido e gritei para minha sobrinha na sala perguntando, João está aí? Ela me respondeu, não, achei que ele estava tomando banho contigo, meu mundo desabou, senti que algo ali estava errado naquele momento.

Eu me encostei na parede e disse, ele não, meu Deus, ele não. Eu costumo descrever uma coisa, naquele dia, tudo parou, o mundo parou, não houve um vento soprando, um pássaro cantando, uma música tocando, nada, somente um silêncio mortal, muito silêncio e João Victor sumiu, todos que estavam na casa se propuseram a procurá-lo.

No primeiro momento achei que ele teria sido levado por um animal silvestre, morávamos em frente a uma floresta, então era literalmente no meio da floresta, era comum animais circulado e João Victor amava colher uma fruta chamada muruci embaixo da árvore, como era um horário de almoço, poucos vizinhos estavam em suas casas, todos trabalhando naquele horário, ninguém viu ou ouviu nada.

A busca começou a me desesperar, entrei muitas vezes no quarto dele, mas o nervoso nos cega, tira nosso raciocínio e só ouvia dizerem "mas ele não passou pela sala", para ele ter saído, teria que passar por ela ou pela cozinha, em toda as saídas tinha alguém, até mesmo no pátio, então fui rumo ao quarto colocar uma roupa, estava somente de toalha, coloquei uma calça jeans e um sutiã, somente isso, quando escutei os gritos de minha sobrinha, ela gritava desesperada e chamava por DEUS que a ajudasse e chorava muito, saí correndo, ele já estava em cima da cama todo roxo, sem vida, meu filho estava literalmente morto, seus olhos totalmente saltados, só tive uma reação, enquanto ela me dizia gritando e chorando, "Maria ele estava enforcado nos punhos da rede", só escutei isso, carreguei meu filho no colo e sai rumo a sala em direção à porta de saída, olhei para o jardim e vi o carro na descida da garagem do meu vizinho, não pensei, minha reação foi chutar a porta com o pé, pois estava com meu filho no colo, estava sentada na sala de sua casa, minha vizinha, com seu bebê no colo de poucos dias de nascido, nem pensei no que ia causar a ela naquele momento e comecei a gritar e pedir ajuda, meu vizinho saiu do quarto, sem entender nada, estava somente de calça de trabalho, acredito que estava descansando para depois voltar ao trabalho, quando ele viu João Victor no meu colo, se assustou, pegou suas chaves e entramos no carro, o hospital não ficava muito longe, mas parecia que as ruas ficavam mais longas para chegarmos. Tudo foi tão atormentador que acredito que nem ele lembrou naquele momento que era socorrista.

Desejei que aquele carro estivesse asas naquele momento, queria xingar o mundo, queria que tivesse alguém para eu punir naquele momento de tanto que foi meu desespero.

Mas não consegui chorar, nenhuma lágrima caiu, eu estava sendo sustentada por uma força que nem sei descrever, eu queria meu filho, somente isso.

Me lembro do meu vizinho dizer para mim para colocar a cabeça dele para trás, para ver se ele respirava e eu dizia para ele, ele está morto, meu Deus, não, isso não, João Victor estava roxo, com os olhos saltados e abertos, mas quentinho, nunca esqueço disso.

Para chegarmos ao hospital, descia uma ladeira e depois subia, lembro-me tão bem disso, e na descida da ladeira lá estava ela de novo, a voz voltou ao meu ouvido e me disse "Ele está vivo, ele está vivo, ele está vivo", três vezes em seguida e aquilo me fez derramar uma lágrima, eu disse ao meu vizinho "João está vivo", ele me disse, claro que está e estamos chegando, tem fé. Meu vizinho estava calmo por mim, por nós, não sei o que seria do meu filho se ele não estivesse ali.

Eu sei que não foi fácil para ele ter vivido aqueles momentos comigo e João Victor, então quero deixar aqui todo meu amor de mãe que possa existir neste mundo para você, meu vizinho, vieste nesta vida salvar a vida de um garotinho de 4 anos e 11 meses, que significa tudo na minha vida, e que um dia Deus te recompense com tudo de mais grandioso neste mundo.

Gratidão talvez seja até pouco, porque até hoje não parei para perguntar para ele o que tudo aquilo causou nele, não tive coragem, mas uma coisa é certa ele e a família dele estão todos os dias em minhas orações.

Capítulo 11

Um sopro divino

Nossa fé pode ser abalada, mas nunca pode ser retirada de nós.

Deus escreve tudo de uma maneira que às vezes precisamos de entendimento para compreender tudo que nos é permitido passar. Sabe por que digo isso, ali onde morávamos era um lugar onde as pessoas moram, mas a maioria delas trabalham, saem às seis horas manhã para trabalhar e só retornam no final da tarde, se ele não tivesse voltando em casa, não teria como ter salvado João Victor, ninguém mais estava

SOB O OLHAR DE UMA MÃE

ali por perto naquele dia. Então ele tinha que estar ali para socorrer meu filho e ajudar a salvar sua vida.

O que achei interessante foi que aqueles sussurros ao meu ouvido continuaram até chegar ao hospital e meu filho ser socorrido, eu só conseguia dizer "ele está vivo" e imediatamente meu filho foi socorrido e reanimado, queria estar lá com ele, segurar em sua mão, mas não podia, mas em meus pensamentos pedia a voz: "ajuda meu filho, seja quem você for, ajuda, ajuda, ajuda".

Não queria calmante, achava que queriam me dopar para não me dizerem a real situação dele, fiquei firme, não tinha mais lágrimas, algo me segurava com uma força inexplicável, sentia meu corpo anestesiado diante de tudo aquilo, lembro-me de a médica vir ao meu encontro e gritei com ela " NÃO QUERO REMÉDIO", ela me disse "não é remédio, só quero lhe dar meu jaleco, você está somente de sutiã".

Ali veio a primeira notícia, ele estava vivo, mas entubado, nem sei o que aquilo significou para mim naquela hora, eu só queria meu filho vivo.

Iniciou-se ali a primeira batalha do meu filho, a luta pela sua sobrevivência, só fiquei tranquila quando o vi, era doloroso vê-lo ali entubado e respirando com ajuda de aparelhos, nem imaginem como é difícil para uma mãe ver aquela cena, a impotência é muito grande, sabe, não pode abraçar, só pode dizer mamãe está aqui, você não está só, nunca, jamais. Flutuei como se tivesse ido ao céu e voltado, eu dizia pra mim mesma, ele está dormindo e quando acordar vai ser tudo normal como antes, era meu sonho, minha vontade, mas nem sempre a nossa vontade é a que DEUS preparou para nós.

A notícia se espalhou como fogo em um canavial, meu irmão veio ao meu encontro com minha cunhada, ver a preocupação dele me matou junto, ele me abraçou e disse que tudo ficaria bem, foi bom ouvir do meu irmão mais velho aquelas palavras, me senti aconchegada.

Meu esposo chegou, não sabia o que dizer a ele, não tinha palavras, chorei desesperada, ali desabei, nosso filho caçula estava lá, mas não sabia como sairia de tudo aquilo.

Desejei que ele voltasse para meu ventre e ficasse lá mais nove meses, quietinho, protegido, ele era pequeno, sem idade para passar por tudo aquilo ali, ele nem fazia ideia do sofrimento lá fora.

Não me recordo como estava meu esposo. Algumas lembranças nossa mente prefere ocultar de uma maneira que não sabemos entender.

Eu fiquei a maior parte do tempo no corredor, encostada na parede de frente para a UTI, era o que aquela voz queria, como se ali fizesse parte de uma vigília pelo meu filho, mesmo com as pernas trêmulas, eu fiquei lá.

Eu queria que aquela voz sumisse, me deixasse, mas os zumbidos continuavam, ela assobiava em um ritmo de uma música e aquela sensação me acalmava, ela de uma certa forma era meu remédio naquele momento, sentia o seu sopro em meus ouvidos e eu sabia que DEUS estava ali comigo e com João Victor.

Eu sempre fui devota de Nossa Senhora, então coloquei na minha mente que ela falava comigo, eu precisava acreditar nisso, para não ter um surto ou algo assim.

Sempre buscando minha fé para me manter de pé, pois mesmo que aquela dor me matasse por dentro naquele momento, não poderia deixar de tomar conta do meu corpo, mente e espírito.

Eu tinha que ser aquela fortaleza por ele.

Capítulo 12

Um entendimento do acontecido

O silêncio é a melhor escolha quando falamos em reflexão.

Entender o que aconteceu com João Victor naquele dia foi e é difícil.

Como eu disse antes, a altura do gancho que ficava a rede era bem alta, não tinha como João Vitor ter conseguido escalar uma parede e ter colocado a cabeça naquele punho.

O desespero era grande demais para acharmos que João Victor estaria daquele jeito, depois de enganchada, a rede se desfez e caiu na frente dele, como ele era uma criança, cobriu ele todo e fora que ela ficava atrás de uma porta.

Mas sabe o que é interessante, que não ouve um choro, um grito, uma batida na parede, nada, somente um grande silêncio mortal, não foi dada a chance a ele de chamar por sua mãe, pois a ligação que tínhamos era muito grande, desde que João Victor nasceu, eu sentia algo inexplicável com ele, a dor dele era a minha, nos dias de chuva que ele tinha medo eu sentia, quando ele desenvolveu o medo por altura eu também desenvolvi e na frente dele, era tudo conectado e ainda é.

Sempre digo, para ele ter feito aquilo, ele teria que ter asas para voar e chegar àquela altura, alguém colocá-lo, talvez, mas quem, pelo que sabemos, todos no dia estavam na parte da frente, não se viu ninguém passar na direção do seu quarto.

Se me perguntarem, chamou a polícia? a resposta é não, naquele momento, só queria saber do meu filho, tentar salvá-lo de qualquer maneira, minha cabeça só parou para pensar sobre isso muitos anos depois e não estávamos mais morando no local, com o tempo fomos para outra cidade com ele.

Mas quando cogitei uma investigação, meu esposo não concordou, não sei se faria alguma diferença, mas talvez devesse isso ao meu filho, mas isso gerou um grande conflito entre nós, então deixei quieto.

Sair do lugar onde morávamos foi um grande alívio para mim, tudo me lembrava dele, sua infância, que foi marcada por muitas alegrias e uma vontade de viver do meu filho, queria deixar para trás aquela dor e pensamentos que me atormentavam de certa forma.

Seguir em frente com ele era meu objetivo, talvez se ele não tivesse sobrevivido, teria tido pensamentos de ir atrás e realmente encontrar um culpado ou não.

Mas eu, Luciete, não acredito que meu filho se enforcou, não, ele não.

Céus e terras foram movidos por João Victor e Deus e Nossa Senhora sempre estiveram ao seu lado. Sei que assim como ela sofreu por seu filho pregado naquela cruz, ela viu meu sofrimento e de meu filho e nos abraçou de uma forma que só uma mãe faz a qualquer um dos seus filhos.

Capítulo 13

Batalha pela sobrevivência e reflexão

O choro renova teu espírito.

Nessa fase João Victor realmente travou uma grande briga pela sua sobrevivência, ele tinha vontade de viver, uma criança de 4 anos e 11 meses de idade, mas com uma garra gigantesca. Eu tenho certeza que ele sabia que estávamos lá por ele e para ele, sem hesitar.

No hospital começou o desespero, pois João Victor precisava ir para uma cidade onde havia um recurso maior e uma UTI mais equipada, já que onde a gente morava não tinha todo esse suporte.

Tenho um relato sobre o tempo em que ainda estávamos no hospital da cidade onde morávamos. Só soube disso depois que voltamos com ele para a cidade.

A enfermeira relatou que os aparelhos de UTI não estavam funcionando corretamente e aguardavam manutenção.

Preocupada, ela perguntou à médica como fariam, já que João Victor precisava ser entubado para ser transferido para outra cidade e receber um tratamento adequado. A médica respondeu que tentariam, pois era a única opção disponível. Antes do procedimento, ela saiu e fez uma oração a Deus, pedindo que ele as acompanhasse. Quando João Victor foi entubado, todos os aparelhos começaram a funcionar perfeitamente. Para ela, aquilo foi um sinal claro de que Deus estava presente, pois "Deus é sempre Deus".

Nesse momento, uma passagem da Bíblia veio a minha mente, que eu achei adequado para definir a situação com meu filho: Deus permitiu que Satanás testasse Jó de várias maneiras, mas não lhe deu permissão para tirar sua vida; essa decisão pertence apenas a Deus.

Foi permitido por Deus meu filho passar por um grande sofrimento, mas ele disse que João Victor ainda tem muita coisa a fazer neste mundo e nos mostrar que existe um grande poder que nos emana que se chama DEUS, sua misericórdia é grande diante de qualquer sofrimento dos seus filhos.

Nem quero imaginar os minutos de sofrimento que meu filho passou, angústia, desespero, sem poder chamar sua mãe ou seu pai naquele momento.

Eu adquiri com o tempo o problema com o silêncio, não consigo ficar em um silêncio total, eu estou sempre escutando música, se o silêncio vier me atormenta e meus pensamentos vão até aquele dia com João Victor.

Uma curiosidade para vocês leitores, eu escrevi este livro ouvindo uma playlist, porque o silêncio do meu escritório não me permitiu, voei em meus pensamentos.

Isso me recorda de noites em que João Victor não conseguia dormir sozinho no seu quarto, mesmo seu irmão estando junto ou sua tia.

Ele chegava na porta do meu quarto e batia. Eu abria a porta e já sabia que era ele. Ele dizia:

— Mãe, você sabe que eu não consigo dormir na minha cama.

— Por que, João Victor? — eu perguntava.

— Mãe, tem uma menina. Ela pula na minha cama, puxa meu cabelo e não me deixa dormir — ele respondia.

Eu sempre achava que aquilo era a maneira dele de pedir colo, e dizia:

— Vem, João Victor.

Era interessante como ele sempre vinha arrastando um cobertor pelo corredor até chegar na minha porta. Ele dizia:

— Mãe, espera, vou buscar meu irmão.

— Não, João Victor, deixa ele lá — eu respondia.

— Não, mãe, se eu não estiver lá, ele não ficará protegido — ele insistia.

Eu achava lindo aquele instinto protetor dele com o irmão mais velho.

Algum tempo depois, ele já tinha seus 3 anos e meio de idade, quando descobri que tinha uma grande proteção espiritual, já naquela idade, levava tudo na tranquilidade, sabia que um dia eu buscaria ajuda para ele, mas a vida me mostrou que esse tempo não teria e que tudo que aconteceria com ele seria impossível eu saber o que fazer e até mesmo como lidar com o que vinha na minha direção.

Então, começou uma jornada dura em nossas vidas, um grande sofrimento me bateu, um desespero por não ter conseguido impedir uma coisa tão drástica na vida do meu filho, a impotência de mãe não me adoeceu naquele momento, mas me levava a questionar minhas escolhas e não ter me dedicado somente à minha família.

Descobri que não estamos preparados para passarmos por coisas que nos tiram do nosso prumo.

O meu início foi marcado por uma dor tremenda, e então começamos a lutar. Você pode se perguntar: "Começaram como, se foi teu filho?" Eu chorei, abracei, gritei, implorei e chamei Deus em todas as minhas orações e nos momentos de desespero. Lutei com ele a cada segundo, e minhas orações foram fontes de batalhas nessa grandiosa luta pela sua vida.

Cada amanhecer na minha vida era torturante, sabendo que ele estava vivo, mas não estava bem, queria ele vivo, isso eu sabia que queria, não só eu, mas toda minha família que não estava ali, mas estavam em pensamentos e orações conosco.

Começamos a batalha, João Victor foi transferido de UTI móvel até Belém no Pará, onde o recurso era maior.

Nessa saída eu escutei algo que me gerou tristeza, meu esposo dizer que não queria nos acompanhar, ele estava preocupado com o trabalho, eu olhei para ele e não disse nada, mas o gerente dele estava no mesmo quarto que nós e disse, claro que tu vai, é teu filho, trabalho fica e achamos alguém para te substituir, confesso que não entendi aquilo, mas me doeu e muito, se ele não estivesse ali comigo, acredito que não teria resistido, o fardo da solidão é duro e ainda mais do jeito que aconteceu.

Teve muitas coisas que não questionei, cada um sofre de uma forma, poderia ser o medo de ver João Victor naquele estado, mas talvez se tivesse feito diferente, não teria sofrido tanto.

Sempre me dava pavor voar, naquele dia entrei anestesiada, não porque tomei remédio, mas porque era essa minha reação e sensação, mas sei que entrei naquele avião sem tirar os olhos do meu filho, que ia ali entubado e acompanhado de médicos e enfermeiros até chegarmos ao nosso destino, uma chuva repentina começou naquele imenso céu e que me parecia não parar, senti medo, claro, pensei e disse a Deus "eu sei que aqui vai um excelente piloto nos guiando, mas nos deixa chegar ao nosso destino, não por mim, mas pelo meu filho".

Somos tão frágeis diante do sofrimento, mas quando nossos filhos estão em apuros, essa dor e esse sofrimento se tornam maiores do que nós mesmos.

Capítulo 14

Dor, medo e a notícia avassaladora

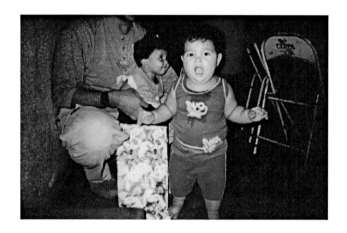

Não espere a dor chegar para você orar.

Me recordo quando meu esposo me chamou e disse que tínhamos chegado. Descemos e fiquei ali parada sem reação nenhuma, já tinha uma equipe toda preparada esperando por ele.

Ali me dei conta de que eu tive a coragem de voar em um avião tão pequeno e que nem lembrei do pavor e medo, mas sei que ali fui amparada e guiada por uma força maior.

O medo no meu rosto e o aperto no meu coração eram grandes, as luzes da ambulância, a sirene dos batedores na nossa frente e atrás me traziam para uma realidade que nunca pensei em passar, as ruas estavam quase vazias, mas para mim era uma eternidade, ele dormia, DEUS, meu filho dormia, uma angústia, queria abraçá-lo e dizer "filho estou aqui e mamãe vai te proteger", mas não consegui, eu me sentia fria, vazia e impotente, mas não chorava, queria me sentir forte, ele precisava de mim e eu queria parecer inteira para ele, não queria que meu esposo me visse chorar, não podia desabar.

Chegamos e nosso filho foi direcionado para a UTI e não o vi mais, ficamos em uma recepção esperando pelo médico, aquilo me pareceu uma eternidade, mas ele apareceu, ali me senti flutuando ouvindo suas palavras, não teve uma delicadeza, ele foi direto e ali de pé nos deu a notícia mais triste e dolorosa de nossas vidas.

João Victor tinha tido um comprometimento cerebral muito grande, uma hipóxia de grande proporção, eles nos deu um exemplo: João Victor caiu no rio, ficou lá embaixo por um longo tempo e depois subiu, aquele longo ou pouco tempo foi o suficiente para causar aqueles danos.

Ele estava em coma induzido, sem tempo para sair, precisava acalmar os neurônios para ele não ter mais nenhum tipo de dano cerebral, eu não sabia o que nos aguardava, não podíamos ficar com ele, aquilo foi mais uma dor no meu peito e na minha alma, deixar meu filho ali me gerava abandono, e se ele acordar, num lugar desconhecido, sem saber quem estava lá, era o que eu queria, que ele acordasse daquele pesadelo, mas não sozinho, em um lugar desconhecido para ele, não ia ter as histórias nem as músicas que cantava para ele dormir, naquele momento era somente ele e Deus.

Não queria sair dali, mas lá fora já tinha um motorista nos esperando para nos levar para um hotel. Sabe a sensação de que eu o deixei para trás e não aguentei, chorei que parecia que meu peito ia quebrar e que ninguém iria emendar meus ossos, mas aquele choro foi libertador para meu espírito e a minha alma naquele momento.

Uma liberdade daquela dor que me consumia de um jeito que nem tem explicação.

Fomos tentar descansar, acham mesmo que um pai e uma mãe conseguem numa grande proporção de uma quase fatalidade, claro que não.

Capítulo 15

Um certo isolamento

Cada um de nós tem nossas dificuldades, aflição, dramas e dor.

Não queria conversar com ninguém, me isolar era a minha escolha. Muitas vezes o isolamento não te faz mal, mas sim ajuda a buscar aquele sentimento guardado lá no fundo do nosso coração e te faz pensar.

Passaram muitas coisas pela minha mente, boas e ruins, e me questionei sobre escolhas que fiz muitas vezes impensadas, mas que eu achava que era necessário para minha vida e não esperei ouvir uma opinião, a minha certeza era sempre manifestada.

Os dias foram passando e a situação era a mesma, meus dias foram incansáveis, entre um hotel e o hospital.

Aguardar para ver meu filho era uma tortura, lembrei que meu João Victor amava música e histórias, então, não poderia cantar, era uma UTI, mas poderia ler, comprei livros de histórias e todos os dias eu lia uma para ele, me agachava próximo ao seu leito e ficava as horas que tinha ali disponível para mim lendo e lembrando a ele da falta que ele nos fazia, do irmão que tinha ficado longe e a saudade que tinha de ouvir a voz dele, o choro, e até mesmo a teimosia dele, porque ele era genioso.

Não temos ideia da dimensão das coisas, mas quando descobrimos que ela é maior que nosso abraço, tudo se torna quase que impossível de sentir.

A minha solidão se deu pelo caos vivido e presenciado com meu filho, que me gerou questionamentos e pensamentos intensos, como por que não fiquei sem ter filhos, não que eu não os quisesse, mas sem ele, talvez não houvesse o sofrimento, principalmente do João Victor, pode até ter sido um pensamento egoísta, mas era meu desespero gritando dentro de mim querendo buscar um culpado, mas não tinha e entender tudo isso era o que eu queria naquele momento.

Acreditem, temos dentro de nós monstros que nem sabemos que estão lá adormecidos e quando saem te dão de uma certa forma força para seguir, porque se fossem somente anjos, a vida seria calmaria e não brotava a força interior que te faz levantar céus e terra.

E todos nós temos esse monstro adormecido. Acredite, nós, mães, temos uma imensidão deles bem guardados dentro de nós.

Então, não espere, lute, grite e clame em todos os momentos que precisar, pois lá de cima ele sorri para ti e te abençoa e sempre lembre de uma coisa: "Não é no nosso tempo, mas sim no tempo dele, de DEUS".

Me isolei, mas foi aí que busquei a força que precisava e ela veio, de uma forma que eu me surpreendi e que achei que não tinha. Aquela jovem que muitas vezes ouvia que era fraca, burra, sem rumo, sem direção, achou o caminho e lutou para superar seus medos, dores e mostrar para mim mesma que eu era capaz.

Aos poucos fui me reerguendo, entre lágrimas e sussurros ao amanhecer, mas cada manhã a minha força era recarregada e seguia em frente.

Capítulo 16

A primeira complicação

Oração é a luz que te ensina a caminhar diante dos obstáculos.

As coisas começaram a se complicar quando a pneumonia surgiu, consequência da broncoaspiração que ocorreu após o acidente, logo após o almoço. Isso levou a um quadro de infecção pulmonar, e João Victor precisou ser reanimado. Foi um processo doloroso para o corpo dele.

Meu medo começou a se intensificar três dias após a intubação dele no hospital, quando seu quadro começou a piorar. As notícias não eram boas, e naquele dia, algo dentro de mim começou a mudar.

Ele precisava lutar, agora era com ele, eu pedia a DEUS todos os dias e horas pela sua vida e eu tinha que encontrar uma forma de lutar com ele e essa era a forma, em oração.

Eu venho de uma família muito religiosa, minha mãe sempre fez questão de nos colocar nesse caminho, nos ensinou a viver com um DEUS que faz o impossível e nos alegra a cada sopro de nossa vida.

Saímos dali desolados, se a situação era ruim, neste momento tinha piorado, dizia para mim mesma que não há milagre que DEUS não possa fazer quando ele acha relevante, porque ele nos ama de uma maneira que nem a morte de seu filho JESUS foi o fim, ele sofreu por nós até seu último suspiro.

Fomos para o hotel, meu esposo e eu, e naquele momento eu sabia que eu precisava clamar a DEUS pela vida do meu filho, essa era minha forma de lutar por ele, clamar a DEUS em oração, não queria saber como ele iria acordar, eu só queria meu filho.

O silêncio não tinha resposta para mim, então gritar em oração, era meu caminho, pensei.

Calma eu não estava, mas ainda tinha forças para meus gritos chegassem até Deus.

Nesse dia me deu vontade de correr pelas ruas sem direção e chegar a algum lugar que eu não sabia onde era e se tinha um final.

Não tenho como mensurar meu desespero naquele momento.

Era meu pequeno príncipe, lutando pela vida e sem expectativa de reação, porque era esse o diagnóstico. "Estamos com os medicamentos mais fortes possíveis", diziam os médicos, mas sem a esperança de reação do meu filho até aquele momento.

Capítulo 17

Uma fé inabalável

A fé pode tocar tudo que se possa imaginar.

Então começamos nossa campanha de oração por ele, era sempre quando chegávamos do hospital, depois da visita.

Eu comecei a me ajoelhar e fazer oração e implorar a DEUS pela saúde do meu filho, no primeiro dia senti o chão me sugar, a sensação que ali onde estava ajoelhada, tinha uma espécie de cola que me agarrava ao chão, ossos do meu joelho pareciam se quebrar em uma grande dor, queimava e formigava de uma forma inexplicável, eu sempre finalizava pedindo a Nossa Senhora que era mãe e intercedesse pelo meu filho.

Então para minha surpresa, eu não conseguia sair do chão, o peso era grande, eu chorei e disse ao meu esposo, não consigo levantar, ele me carregou, minhas pernas ficaram pesadas a ponto de não andar naquele momento, chorei tanto naquela noite que nem lembro quando adormeci.

No segundo dia de oração, ainda continuava agarrada ao chão, com aquela mesma sensação. Nosso objetivo era uma semana de oração por nosso filho, no terceiro dia, os joelhos não estavam mais tão doloridos, mas ainda precisava de ajuda para me levantar.

No dia seguinte, começamos a receber mensagens das pessoas de onde morávamos, o caso do João Victor gerou uma grande comoção dentro da cidade, as campanhas de oração começaram nas igrejas, em todas, inclusive nas evangélicas, fomos abraçados por orações de todos os lugares e por pessoas que nos conheciam e por aquelas que não conhecíamos.

Os dias foram ficando mais leves, meu filho foi saindo do quadro da pneumonia e ali ele foi curado daquela grande infecção pulmonar, mas não paramos as orações, nós continuamos por todos os dias e foi além de uma semana, parece que aquela dor que nos esmagava foi dando lugar à esperança, sim a esperança de que nosso filho seria um vencedor, ele iria sair dali, claro que iria, não deixei nenhuma palavra negativa me atingir, mesmo ouvindo os médicos nos dizerem palavras duras, mas eu dizia pra mim mesma, somente DEUS tem a resposta e eu creio e assim eram nossos dias.

Eu sou grata a todos por terem parado e se ajoelhado assim como eu e meu esposo para clamar a Deus pela vida do meu filho, pois eu creio que nossos clamores em oração trouxeram meu filho de volta, desde do dia do acidente, quando a minha sobrinha chamou DEUS naquele momento, eu sei que ele ouviu e abraçou meu filho João Victor.

Então, sim, a oração tem poder, porque eu estou aqui para dizer a vocês, sou uma testemunha viva do que DEUS pode fazer nas nossas vidas.

E até hoje carrego o hábito de, ao me levantar, fazer oração pelos meus filhos e esposo.

Ser sempre grata a tudo e por todos.

Capítulo 18

O medo da solidão

A doença que te avassala a alma é a tristeza.

Mais um dia de jornada, e meu esposo precisou retornar por conta do seu trabalho. A empresa em que ele trabalhava nos deu todo o suporte, nenhuma reclamação quanto a isso, meu filho foi bem tratado e vieram os melhores médicos que poderia nos solicitar para aquele momento.

Me senti sozinha e com medo, mas sabia também que tinha um outro filho que nos aguardava e que ele era pequeno e talvez nem entendesse o que o irmão tinha passado e estava passando naquele momento, nos dividir entre os filhos foi nossa decisão.

Minhas orações continuavam sempre pedindo pelo meu anjo, mas também comecei a agradecer, porque ele estava vivo, ele não tinha partido, estava nos aguardando, do jeito dele, mas estava.

Na dor que sentia, em meio a um grande turbilhão de sentimentos, aprendi a agradecer, mesmo diante de todos os acontecimentos.

Naquele momento, não entendia por que deveria agradecer a Deus por aquela situação, mas uma coisa ficou clara para mim: devemos aprender a agradecer a Deus mesmo nas dificuldades, pois certamente delas sairão coisas positivas. Reflita sobre isso!

A solidão nos deixa vulnerável e diante de um grande acontecimento era ainda pior.

Não me permitia encontrar outras pessoas que por ali estavam, até para almoçar naquele hotel eu preferia deixar todos se levantarem e ir sozinha.

Rubens me deixou ali e me senti pior, não sabia se ele retornaria, pedia a Deus que tudo se resolvesse e que ele pudesse voltar para nós.

Eu aprendi a me agarrar nele, eu me sentia sozinha e somente ele estava lá por nós, ele era meu porto seguro, pela sua calmaria, quando eu ia desabar, ele estava lá me lembrando que tudo ia dar certo e isso me deixava melhor como mãe e esposa.

Fechar os olhos me vinham as crianças na memória, por mais que eu soubesse de todo o acontecido com João e eu, Luciete, acreditava e desejava que meu filho saísse dali pelo menos falando, não tem dor maior do que você esperar sem resposta, e logo eu que sempre fui a pessoa agitada e fazia tudo no impulso, pedir para mim esperar era uma grande tortura. Desejei várias vezes que o dia passasse como um trem bala, para dar o tempo de o meu filho acordar e nos abraçar como sempre fazíamos no final das tardes quando chegávamos em casa.

Ele sempre estava esperando pelo seu pai para calçar as suas botas, ele achava o máximo a bota de trabalho do pai ou esperando a fatia de bolo que o pai trazia da padaria para ele.

Os dias sozinhos foram torturantes para mim, mas mesmo assim, me levantava, colocava um sorriso no rosto e ia ver meu filho.

Eu muitas vezes engolia o choro quando via meu filho, olhar aqueles tubos em sua garganta e aquele monte de fios me entristecia e me lembrava quando ele me dizia "mãe, tu é forte igual à Mônica do desenho", então eu tinha que ser forte, por ele.

Capítulo 19

Retorno e uma notícia inesperada

Buscai em Deus e acharás tua resposta.

Meu esposo retornou para nós, me senti mais segura, mas saber que Lucas estava lá, não sozinho, mas eu não estava, me deixava vazia.

Quando dei à luz ao Lucas, eu senti uma conexão com ele bem diferente, sentia um amor que vinha de uma forma inexplicada, mas não era muito expressada, eu busquei várias vezes entender que anjo era Lucas na minha vida, sua calma, ele tem um dom de cativar as pessoas, mas nunca gostava de aparecer, ele era de bastidores, sabe, mas com uma inteligência que me espantava e me deixava feliz.

Ele foi cedo pro jardim de infância, com 1 ano e 6 meses, no primeiro momento eu sofri, mas depois de tudo que aconteceu com

João Victor, vi que a saída dele mais cedo deu a ele a segurança de não ser muito apegado a mim, senão ele teria sofrido muito mais com o acidente do seu irmão.

Lembro-me que nesse dia nos chamaram ao hospital e fomos informados que o médico neurologista gostaria de falar conosco antes da nossa entrada na UTI.

Ele como sempre nos recebeu em um grande corredor, nos cumprimentou e foi logo nos dando a notícia de que João Victor talvez não acordasse e se acordar as sequelas seriam muitas, então a solução seria entrar em contato com o hospital de onde morávamos e montar uma sala com todos os equipamentos necessários para recebê-lo, se tivéssemos condições financeiras, seria montada em nossa casa, morar dentro de um hospital ou uma sala de hospital dentro de casa essa era a solução naquele momento para meu filho.

Eu sabia que era grave a situação do meu filho, mas nós não estávamos preparados para aquela notícia.

Mas eu, como mãe, não deixava nenhum tipo de palavras ruins entrarem no meu coração nem na minha mente, escutei, e não falei nada, sabe a frase "entrei muda e sai calada", fui eu naquele momento.

Era um domingo à tarde quando falei ao meu esposo:

— Vamos andando até o hotel? — ele acatou o meu pedido, sabendo o quanto eu estava devastada. Nem eu nem ele falamos nada; saímos calados dali. Entramos na UTI e me aproximei do meu filho.

— Acorda meu anjo — disse, segurando sua mão — mamãe vai sempre estar aqui te esperando e eu sei que você é guerreiro e vai acordar. Nenhum sofrimento, por mais que tenha sido grande, vai te abalar. Você me escuta, eu sei que escuta.

Ainda chorei naquele dia e, através dos vidros, vi uma UTI de bebês prematuros. Parei diante do vidro e fiz uma oração para aquelas crianças, pois todos os dias, ao chegar ali para ver meu filho, sempre havia uma mãe chorando como eu pelo filho que estava ali dentro. Algumas, sem nem o que comer, tinham dado à luz há pouco tempo, mas estavam ali para verem seus lindos anjinhos. Sempre que podia, dividia o que tinha com algumas que tocavam meu coração.

Saber ser humilde nessas horas nos faz bem e eleva nosso espírito, pois não sabemos o que viemos fazer neste mundo gigantesco e abençoado por DEUS.

Capítulo 20

Um encontro com Deus

A oração nos tira da escuridão e nos ajuda a encontrar a luz.

Sair dali caminhando era a melhor solução naquele momento, me dava a sensação de que não tínhamos direção alguma.

Era um final de tarde de domingo, todos os dias fazíamos aquela rota, mas em nenhum momento dos meus dias tinha percebido que virando a esquina tinha uma igreja, Santuário de Nossa Senhora de Fátima, e quando olhei para dentro, ia ter missa, e era dia de missa das crianças, às 17h, meu olhos se encheram de lágrimas, ela, Nossa Senhora de Fátima, estava dentro de um andor, cheia de rosas vermelhas e a igreja exalava o perfume das rosas, e os bancos tomados de crianças e ela no centro da igreja, onde era seu lindo santuário. Lembro-me de ficarmos no último banco da igreja e de repente avistei aquele garoto vindo na minha direção sorrindo e me ofertou uma flor, peguei e comecei a chorar, eu sabia que ali eu estava tendo uma resposta, ela me guiava e me mostrava que estava conosco e com nosso filho, foi muito forte isso para mim.

Não ficamos na missa, não tinha condições, o choro não tinha um fim, mas aquele choro lavou minha alma de algo que estava me afligindo e me prendendo dentro do meu peito. Ao chegarmos no hotel, encontrei a dona, que até o momento não a conhecia, ela me viu naquele estado, me abraçou e me disse: acabei de saber do teu filho, não chora, DEUS é maior e vai trazê-lo de volta, creia. Agradeci e quando ia seguir para nosso quarto ela me chamou, me virei, ela voltou e pegou na minha mão e me disse, vem comigo, vou te mostrar um lugar, e me levou para dentro do quarto dela, ela me disse, aqui nunca trouxe ninguém que não fosse da minha família, ela abriu a porta e então abriu uma cortina vermelha de seda, por trás tinha um lindo santuário e quem estava lá "Nossa Senhora de Nazaré", ela estava linda em um manto brilhante e aos seus pés rosas e luzes vermelhas, comecei a chorar, ela disse faça seu pedido e clame, nunca ouvi dizer que ela desamparou algum dos seus filhos e nunca perdi uma oração, ela sempre me responde.

Naquele momento me ajoelhei e comecei a rezar uma ave-maria, meu corpo parecia ter fogo e queimava dentro do meu peito, ela me ajudou a terminar as orações e mais uma vez tive que ser ajudada a me levantar.

Naquele exato momento tive a certeza que nossas orações tinham um grande poder e elas teriam sobre a vida do meu filho e ele iria acordar sem precisar de aparelhos.

Minha devoção foi maior, porque a cada passo que eu dava sempre tinha alguém me estendendo as mãos, me ofertando um terço e me dizendo que Deus ia me trazer o milagre.

Ali naquele hotel ficavam pessoas de todos os lugares, mas cada uma tinha suas particularidades relacionadas a doenças, a maioria estava em tratamento, então todas estavam sempre em orações, algumas vezes sabíamos de que alguém perdeu um ente querido e aquela senhora estava sempre consolando alguém, achava aquilo divino.

Deus sempre manda alguém no momento certo e na hora certa, porque um abraço ou uma palavra vale muito.

Não deixe ninguém abalar sua fé, porque é ela que te faz crer na ressurreição que alimenta o nosso espírito, porque sinais ele te dá, basta você saber interpretá-los.

Capítulo 21

Um aviso do espiritual

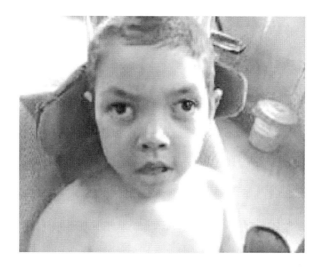

A espiritualidade é uma forma de nos mostrar nossa evolução aqui na terra.

As notícias sempre chegavam até nós, as campanhas de orações continuavam, éramos sempre gratos por todos, independentemente da religião.

Então, algo me dizia que ainda faltava para meu filho acordar. Como já falei, minha família vem de uma parte espiritual muito grande, me lembrei deles, mas só lembrei como se meu pensamento vagasse até eles, pois estavam a milhares de quilômetros de nós, nem sabíamos se algum deles sabiam de tudo que tinha acontecido com meu filho.

Os dias passaram, e uma noite recebi um telefonema da minha prima, uma grande espiritualista, ela me disse, João Victor somente dorme, não tem medo, continua as tuas orações e confia em Deus, que ele vai mandar um anjo para soprar na boca do João Victor e ele vai acordar, mas ainda não é tempo, acredita nas minhas palavras? disse ela, acredito lhe respondi, então tenha fé que nada te derruba, ao contrário, tu só te fortalecerá, confia.

Suas palavras foram muito importantes para mim naquele momento, porque quando cremos, somos fortes na nossa fé, independentemente no que você acredita.

Uma tarde cheguei para visitá-lo e me deparei com a fonoaudióloga que estava acompanhando-o dentro da UTI, ela me disse acredita que tive um sonho com João Victor, ele foi bater na porta da minha casa e me dizer que ele estava com muita sede e que ninguém contou a mãe dele, e que tu irias ficar muito chateada porque ele estava com sede, então cheguei cedo aqui e vim dar água no algodão para ele, jamais deixarei meu paciente com sede, ali nasceu uma grande amizade, e todos os dias que entrava ali, molhava o algodão e umedecia os seus lábios. Fomos chamados porque os médicos queriam retirar o respirador dele por conta de infecção na garganta e iriam fazer uma traqueostomia em João Victor, ali meu mundo caiu, não queríamos aceitar, mas também pensávamos que seria a saúde dele, a forma de ele ficar bem, depois de muito pensar e chorar, concordamos, ali era meu coração falando que aquilo era uma porta para colocarem meu filho direto naquelas máquinas e deixá-lo assim eternamente ou até onde Deus permitisse, meu coração estava sempre doendo por meu filho, aceitar aquilo era ver ele ali em cima de uma cama cheio de fios e tubos.

Mas DEUS tinha preparado algo bem grandioso para João Victor, o médico decidiu não fazer a traqueostomia naquele dia, resolveu esperar três dias para ter certeza se o quadro dele iria evoluir ou não.

Fiquei maravilhada ao chegar e ver meu filho sem nada na garganta, só ajoelhei e agradeci a DEUS, porque sabia que o propósito dele para João Victor era grandioso.

Então uma noite tive um sonho que mexeu comigo e me deixou ter certeza de que meu filho era amparado pelo grandioso lá de cima.

Nesse dia fiz minhas orações com meu esposo e fomos dormir, não tínhamos muito ânimo para fazermos nada, preferíamos ficar sozinhos, era o que sempre fazíamos, a companhia um do outro era nossa força.

SOB O OLHAR DE UMA MÃE

Sonhei que estava em um lindo lugar, rodeado de matas, no centro tinha uma casa bem simples, as paredes eram de argila e coberta com palha, o cheiro do mato era muito presente, a frente da casa era muito limpa, parecia um campo de futebol sem gramado, somente o chão, encostado na parede da casa tinha uma cadeira, estilo de praia, mas era de madeira, os braços largos, bem na frente da cadeira um poucos mais afastado tinha um poste de madeira, nele tinha um pé de romã, muito lindo e carregada de frutas maduras, o vento forte balançava aquele pé de romã, eu estava perdida em meus pensamentos olhando aquela cena, pois tinha quase certeza que o vento iria derrubá-lo.

De repente ouvi uma voz na minha direção, ele veio correndo e gritou MÃEEEEEE e pulou nos braços da cadeira e sentou, ele sorriu, as covinhas do seu rosto ficaram acentuadas, estava perfeito com o short que estava no dia do acidente, sem camisa, e João Victor era gordinho sabe, adorava comer, eu comecei a chorar, aí ele me disse: "mãe não chora, porque não posso ver a senhora chorando, eu fico triste, o João Victor te ama".

Deus, aquilo acabou comigo, porque eu não podia tocá-lo, eu não me mexia naquela cadeira, nossa conversa era de uma forma de telepatia, nossos pensamentos se conectavam de um jeito inexplicável e o tempo todo ele sorrindo e suas covinhas suaves no seu rosto, mas ele estava feliz, meu filho estava lá comigo.

Então ele se levantou e saiu correndo, muito feliz, sorrindo. Quando levantei a cabeça, vi uma linda mulher com cabelos pretos e brilhantes. O vento fazia seus cabelos dançarem e voarem de uma maneira única. Ela não tocava o chão; flutuava. Seu corpo era esculpido com perfeição, com uma cintura fina e pernas grossas. Usava uma roupa transparente, branca como tule, tão fina que raios coloridos pareciam passar por ela. Não conseguia ver seu rosto; não me foi permitido.

Eu me desesperei. Ele a conhecia e ficou muito feliz quando a viu. Tentei me soltar daquela cadeira, mas não conseguia; parecia grudada nela. Gritava por João Victor enquanto ele segurava a mão da mulher, muito feliz. De repente, ela virou para mim e disse:

— Ele voltará em 29 dias — e saiu flutuando ao lado do meu filho.

Fiquei ali, gritando e chorando sem parar, chamando por ele.

Aquele sonho me deixou pensativa. Meu choro era de dor e alegria. Acreditar em um sonho... Sei lá.

Sonho é a busca pela realização de um desejo reprimido; são imagens que o cérebro vivencia durante o sono, essa é a definição. Mas uma coisa eu sei: me agarrei nele, porque era meu desejo, minha esperança naquele momento.

E eu sabia que ali não era somente um sonho, era sim um aviso do espiritual, neste dia me lembrei dos sonhos constantes antes do acidente do João Victor, a voz era a mesma, sim a voz em formato de sussurros eram os mesmos.

Hoje sei quem ela é, mas naquele momento não sabia, mas tem coisas que guardo para mim mesmas para preservar minha fé e meu entendimento espiritual.

Capítulo 22

Despertar de João Victor e um grande testemunho

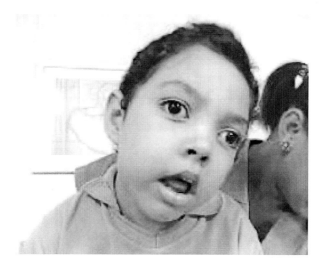

Não há poder maior do que o de Deus.

Meu esposo me deixou mais uma vez, João Victor não tinha previsão de alta, as coisas aconteciam lentamente, ele precisava voltar ao trabalho e ver nosso filho Lucas. Para nossa surpresa a empresa antecipou suas férias, então ele iria retornar para nós.

Fiquei mais uma vez sozinha, com meus medos, minha fé e a grande esperança no meu coração, sabia que teria uma grande notícia e ela seria boa, minhas orações eram sempre sagradas, mesmo cansada, estava lá ajoelhada, as dores iam diminuindo cada vez mais, o peso se dissipava por todo o corpo, agora não era direcionado somente aos joelhos e pernas.

Depois do sonho me senti mais esperançosa, acreditava que Deus não ia nos abandonar, porque nem nos dias mais difíceis de agonia, eu o sentia presente, e sim ele era e é minha fortaleza e meu refúgio.

Tudo virou uma rotina, idas e vindas de um hospital, eu que não tinha aprendido até então esperar por algo, era torturante.

Acordei com barulho do telefone, meu quarto era ao lado da recepção, uma batida na porta me fez levantar e eu fiquei apreensiva, a moça me disse "telefone para a senhora". Fui atender e era do hospital, a pessoa do outro lado da linha me disse "o médico do seu filho pediu para senhora vir mais cedo, ele quer ter uma conversa com a senhora antes da visita na UTI", meu coração acelerou, primeira coisa que perguntei foi se tinha acontecido algo com meu filho.

— Não me esconda nada.

— Não, ele está bem — ela respondeu.

Fiquei tranquila, claro que não, receber um telefonema de um hospital em que seu filho está em coma induzido, como não ter um pensamento negativo.

A manhã parecia não passar, a ansiedade era grande, almoçar, quem disse, não descia nada, estava sozinha, sem o esposo, nenhum parente, nada, era somente DEUS e eu naquele momento, antes de sair, a senhora dona do hotel me convidou para irmos a igreja que ficava bem próximo, a Igreja da Sé, eu precisava de DEUS, sentir a grandiosidade dele na minha vida, no meu espírito, pois se algo tivesse acontecido com meu filho, talvez tivesse me preparado em oração.

O padre nos recebeu e fui direto à imagem de nosso senhor Jesus Cristo, me agarrei às minhas orações e depositei em uma urna meu pedido de oração, depois fui embora encontrar meu filho.

Chegando à entrada da UTI, estava cheia de mães à espera do horário para visitar seus filhos, tinha uma que estava com o filho na mesma UTI que meu João Victor, ela me olhou e me disse:

— Acredito que hoje tu terás boas notícias.

Eu dei um sorriso para ela e quando ia agradecer, a enfermeira me chamou e disse:

— O médico do João Victor lhe aguarda.

Então fui, passei pela higienização, coloquei a roupa e entrei, quando abri a porta, lá estava meu anjo, João Victor Barbosa do Espírito Santo, acordado, chorando, ele não tinha mais os tubos, somente uma tenda para se adaptar ao ambiente, meus joelhos dobraram e desabei e comecei a chorar, o médico veio e me amparou, era a alegria de ver meu filho e saber que DEUS cumpriu sua promessa.

A mulher do meu sonho me falou a verdade e sim, foram 29 dias, tinha vontade de pegar ele no colo e abraçar, mas ainda não era hora, ainda não podia, mas ele chorava muito, ele nasceu de novo, e logo seria seu aniversário de 5 anos.

Então, o médico me disse:

— Esse mocinho é um guerreiro. Já vi e ouvi muitas coisas nesses anos de carreira, mas o que aconteceu na madrugada será mais uma linda história para contar.

Sem entender, perguntei o que havia ocorrido, e ele começou a relatar:

— Ele estava descansando durante a madrugada quando a enfermeira veio falar com ele — preocupado, pensou que algo grave tivesse acontecido com João Victor

Mas a enfermeira lhe disse que ele estava bem e sugeriu:

— Doutor, por que não fazemos a retirada dos tubos do João Victor?

O médico inicialmente recusou, explicando que, se João Victor não conseguisse respirar sozinho, teriam que encubá-lo novamente, o que causaria mais um grande trauma para a criança. No entanto, a enfermeira insistiu e, após alguma discussão, acabou convencendo-o.

Ao se levantar para acompanhá-la, ele abaixou a cabeça para calçar o sapato e, ao levantar, viu a enfermeira na sua frente. O jaleco dela era transparente e brilhante, e ela não tocava o chão; parecia flutuar. As luzes a refletiam de maneira hipnotizante, envolvendo-a enquanto ela caminhava.

Chegamos ao quarto onde João Victor estava. Ainda com receio, ouvi a enfermeira dizer para ter fé, e ela me deu um sorriso. Fizemos todo o procedimento de retirada dos aparelhos, e para minha surpresa, João Victor começou a respirar sem a ajuda deles, algo que ele não conseguia antes. Era visível que os aparelhos faziam isso por ele. Aos poucos, retiramos os sedativos e ela ficou lá com ele. Voltei para minha sala de descanso e, ao amanhecer, tudo parecia um sonho, mas não era. Realmente fizemos aquilo. João Victor estava apenas na tenda para se adaptar ao ambiente. Talvez tenha me assustado, mas já vivi e presenciei coisas que, se eu te contar, dariam vários livros.

João Victor estava chorando.

— Ele nasceu, mãe — disse o médico.

Através do vidro, chamou a enfermeira do plantão e pediu para chamar a enfermeira que estava com ele na madrugada, queria que eu a conhecesse. A moça olhou surpresa e respondeu que todas as enfermeiras estavam ali, nenhuma havia saído e ainda não tinha tido troca de plantão. Ele insistiu:

— Ela estava aqui. Tinha os cabelos bem pretos, abaixo dos ombros, era baixa, de pele morena, sorridente e tinha cheiro de rosas — mas não havia ninguém com essa descrição.

— Um anjo, talvez. Uma grande proteção que seu filho tem. — disse o médico — Ele está aqui e, daqui a dois dias, vai para o apartamento lhe encontrar. — e ali, vi mais uma vez as mãos de Deus agindo diante das criaturas — Ah, e vamos desmarcar a traqueostomia — disse ele olhando para mim.

Aquele relato me comoveu, porque a fé te faz acreditar e ter a certeza que DEUS existe, pois a fé move montanhas.

Sempre acreditei que ali tinha um grande propósito na vida da minha família e não só na vida do meu filho João Victor.

Não sabia ainda o que meu filho veio fazer neste imenso mundo criado por Deus, mas uma coisa eu sabia, ele era meu anjo guerreiro que lutou sua guerra, mesmo ferido em alguns lugares, ele estava lá, me mostrando que não poderíamos desistir, jamais.

Capítulo 23

Saída da UTI

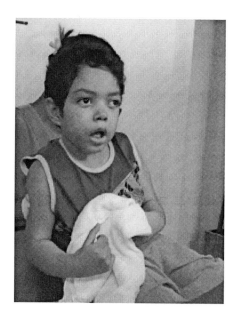

A dor te mostra a dificuldade e deixa cicatrizes, mas é na paciência que encontramos a saída.

João Victor ficou conhecido no hospital por sua história e bravura por ter resistido ao grave acidente que não tinha um diagnóstico positivo.

As pessoas começaram a me mandar terços e orações, as forças aos poucos foram voltando e a esperança era renovada a cada dia.

Recebia de duas a três pessoas por dia no apartamento do João Victor, nem os conhecia, mas sempre tinha alguém me levando uma palavra de fé, de conforto, de encorajamento e me ajudava a me fortalecer cada vez mais e sempre recebi todos e tratei da mesma forma, sem distinção de religião.

Chegou uma hora que comecei a me questionar e tentar entender o propósito de tudo, mas ainda não conseguia ter esse entendimento, não tinha ninguém que chegasse até mim e me desse uma palavra amiga, um abraço ou pelo menos me dissesse que tudo ia passar e tudo seria entendido, nada, ninguém, só um silêncio e mais nada.

Mas aprendi que o silêncio é a resposta para muitas coisas, então faça sua reflexão sempre em silêncio, pois é no silêncio que Deus nos ouve com todo seu amor.

As pessoas que apareciam estavam mais curiosas em ver João Victor e querer saber do que tinha acontecido com ele, sempre tinha aquela pergunta, mas onde você estava? Falo de pessoas conhecidas, me parecia como se eu como mãe não tivesse cuidado o suficiente do meu filho sabe, aquilo me matava por dentro, mas comecei a fazer algo que lá na frente me traria consequências, eu só ouvia e guardava para mim.

Algumas vezes entrava no banheiro e chorava, enxugava as lágrimas e saía como se nada tivesse acontecido, meu esposo não falava nada, só ouvia e eu me perguntava, será que ele pensa igual às outras pessoas? Eu não tinha sido uma boa mãe? Não tinha tido os cuidados necessários com meu filho? Aquilo só me magoava, não sabia como lidar com a situação, então o deixei lá, quieto e guardado.

Meu filho foi direcionado para o apartamento, ali me gerou mais uma dor, como lidar com tudo aquilo que era novo.

João Victor saiu da UTI usando uma sonda nasal, ali já me matou de primeira, ele chorava muito, eu estava sozinha, as enfermeiras me diziam que é normal, é pós-trauma, mas tinha algo de errado naquilo, eu sentava na poltrona e chorava junto, então uma manhã a enfermeira entrou no nosso apartamento, ela muito sorridente me perguntou o que houve, mãe? Respondi que não sabia lidar com a situação, João Victor só chora, não posso deitar, carregar, sempre sou orientada a deixar ele deitado e nada mais, ela me olhou e me deu um sorriso que até hoje me recordo, ela me disse, tem vontade de fazer tudo isso? tenho, então faça, o que você já fez até aqui, muita coisa né isso, carregou ele morto, correu, gritou no silêncio do teu coração e tu achas que foi pouco, claro que não, naquele momento o silêncio se instalou, João Victor se calou e ela me disse, tudo vai passar, a dor passa mas nos deixa cicatrizes, não para nos punir, mas para lembrarmos de tudo que passamos e vamos passar valerá a pena, me deixou um papel e uma caneta e disse o posto fica aqui do lado, pode chamar. Abaixou a cabeça me fazendo uma reverência e saiu. Até hoje não entendi porque da caneta e o papel, mas enfim.

Depois de um tempo entrou uma enfermeira que foi dar banho no João Victor, ele não saía da cama, era passado lenço molhado nele, ele começou a chorar, disse a ela: acho que João Victor tem alguma dor, ela disse que não, isso é normal, mas algo me dizia que não é normal.

Precisava de resposta, me recordo da primeira enfermeira dizer "se precisar de mim, vá no posto em frente", abri a porta e deixei João Victor lá, não tinha ninguém para ficar com ele, a maneira era deixar a porta aberta e ficar de longe observando, cheguei no posto e perguntei pela enfermeira, a que estava lá me disse "aqui só tem nós duas, a troca de plantão só é no final da tarde", ainda fiquei lá argumentando, descrevi a enfermeira, mas observei que ninguém ia saber me dizer nada, então voltei para o quarto e meu João Victor continuava chorando, sentei na poltrona e lembrei das palavras daquela enfermeira " então faça", me levantei da poltrona e fiquei ao lado da cama dele, abaixei a grade e peguei João Victor no colo, ele estava com uma espasticidade muito severa, nada nele dobrava, coluna, pernas, braços, nada, ele pesava, sei lá, uns cem quilos naquele momento, dava impressão que não iria conseguir chegar naquela poltrona com ele, pelo peso que ele tinha naquele momento, mas fiz, ao sentar com ele no colo, me deitei na poltrona e coloque ele sobre meu peito, então a camisola dele abriu a trás e então vi algo que me partiu ao meio, as costas do meu filho estavam tomadas por feridas, rachaduras e vermelhidão (Escaras), comecei a chorar e ele se acalmou, ventilou suas costas, ele dormiu.

Como podia ser aquilo, ninguém me relatou nada, talvez por isso não queriam que eu retirasse ele da cama, começou a passar muitas coisas na minha cabeça e ao mesmo tempo achar uma solução para tudo aquilo. E agora como chamar alguém, meu filho dormiu no meu colo, o meu calor de mãe acalmou e comecei cantar para ele, ele sempre gostou muito de música e histórias, fiquei ali horas com ele e de repente me veio um pensamento, se eu der um banho em João Victor, pode acalmar esse calor e ajudar na vermelhidão, água fria refresca, mas como, não tinha ninguém para me ajudar, como irei fazer isso, falei para mim mesma "tu podes, claro que podes, eu sou mãe e mãe vai além do impossível".

Coloquei ele devagar na cama de lado e apoiei travesseiros para ele não rolar, chamei a enfermeira e relatei a ela que iria chamar a assistente social, por terem me omitido o estado do meu filho, ela se assustou e me perguntou, você virou João Victor? disse não, fiz melhor, carreguei ele no colo, ela disse, mas não podia, o filho é meu, faço o que quiser com ele e não é você e ninguém que vai me dizer ao contrário, chama um médico e quero ver a assistente social agora.

Eu sempre soube que ficar muito tempo acamado pode levar a esse quadro, mas também sei que quando o paciente tem um bom manejo e cuidados esse tipo de situação não acontece. Ela saiu assustada, ali eu descobri que eu não era frágil e que pelo meu filho eu poderia até matar se fosse preciso, pensamentos que tomaram conta do meu coração e da minha alma, a revolta e a dor ao mesmo tempo, então o médico veio, olhou João Victor e disse, isso é normal pelo tempo que ele se encontrava acamado, não aceitei as palavras dele, toda vez que entrava na UTI, eram sempre me direcionado as palavras: João Victor é virado todos os dias, faz acompanhamento com a fonoaudióloga, fisioterapia e é feito limpeza nele e trocado as roupas, então que raio de cuidados são esses que meu filho está desse jeito, o médico se surpreendeu com as minhas palavras duras e quase em gritos, porque a vontade era de bater nele e mostrar que o meu sofrimento era grande, mas ver aquilo e tentar me justificar por uma situação que poderia ser evitado, era inevitável aceitar, fiquei com vontade de chorar naquele momento, mas engoli toda dor e desespero e mostrei pra ele que eu sabia ser forte quando me era exigido, ele me pediu calma e disse que iria receitar uma pomada para a farmácia trazer e dar um remédio para a dor. Assim foi feito, mas a assistente social não apareceu.

Capítulo 24

Através da janela, uma ajuda

Deus te estende as mãos através das criaturas.

Chamei a enfermeira e pedi a ela que me providenciasse uma cadeira de plástico, ela me disse que só era permitido se houvesse uma autorização, então fui atrás e não consegui, sempre tinha uma espera, a pessoa saiu, foi almoçar, esse tipo de situação, aí perguntei "se eu conseguir uma posso entrar com ela?" A resposta foi sim, pois estávamos em um apartamento que é considerado particular.

Quero dizer a vocês que eu não tinha paciência, sempre fui uma pessoa de fazer algo, sem esperar, achava que esperar de cinco a dez minutos era uma perda de tempo, isso piorou durante o episódio do meu filho, fiquei mais impaciente e queria agarrar o mundo de uma vez só, ele poderia estar naquela situação, mas eu estava lá para ajudá-lo a aliviar uma dor que ele sentia que eu queria sentir por ele naquele momento.

Nem cogito como será uma dor de feridas abertas na pele do jeito que vi, se para uma pessoa adulta é uma dor imensa, imagina para uma criança com a idade do meu filho, a sua pele ficou muito frágil, me parecia que João Victor tinha dias de nascido, aquela pele sedosa e fina.

A minha ideia era sentar com meu filho embaixo do chuveiro e dar banho nele, lavar suas costas com um sabonete apropriado, iria ajudar a refrescar e consequentemente vai fechar as feridas mais rápido e eram muitas e já estavam descendo para seu bumbum.

Sabe quando a espera é longa e a solução demora a vir, pois é, esperar a pessoa voltar do almoço não estava sendo prazeroso para mim, então meu filho dormiu e eu fui colocando-o devagar na cama, até ele ficar.

Me debrucei na janela que dava para a rua e, primeiro, olhei para o céu. Estava lindo, com nuvens claras preenchendo aquele imenso azul, como se o céu estivesse falando comigo. Então, olhei para baixo e vi um senhor lavando carros. Uma ideia me ocorreu, mas antes comecei a chorar, sentindo a solidão. No entanto, sabia que não podia me deixar abater.

—Moço, boa tarde! — gritei.

Ele me respondeu, e então expliquei:

— Estou aqui com meu filho internado, não tenho ninguém nessa cidade, e preciso de uma ajuda. Pode me estender sua mão e me ajudar?

— Sim, diga, moça, o que a senhora precisa? — ele prontamente respondeu.

Lembrei que havia um grande supermercado ali perto. Disse a ele:

— Preciso de uma cadeira de plástico resistente, um bom sabonete e uma roupa de banho para mim. Informei-lhe o tamanho.

— Está fácil — ele respondeu.

Joguei o dinheiro para ele, e lá foi ele. Meu coração se encheu de alegria quando ele voltou com os itens, mas não deixaram que ele subisse.

A única solução era eu descer, mas como deixar meu filho?

Fui até a enfermeira e expliquei a situação. Ela me disse:

— Deixe a porta aberta. Eu o ouço daqui, mas não posso sair do posto de enfermagem, estou sozinha.

Saí correndo enquanto meu filho ainda dormia. Desci três andares correndo, planejando voltar pelo elevador para economizar tempo.

Lá estava ele com minhas compras, agradeci e ele não quis nada pelo favor, só me disse que iria fazer oração por mim e meu filho, depois de uns dias não o vi mais ali.

Era difícil, muitas vezes não almoçava, porque a comida vinha do hotel e o entregador não podia subir, eu não tinha como descer, como ia deixar meu filho, nem sempre tinha uma enfermeira disponível, mas assim ia levando um dia após o outro.

Então quando meu filho acordou, eu me lembro que disse a DEUS, me ajude, porque esse menino é pesado, tinha medo de escorregar com ele no colo e não ter ninguém para me ajudar, me lembro que o primeiro banho foi difícil, João Victor pesava toneladas com a espasticidade, passar o sabonete somente com um lado dos braços era mais complicado, mas não desisti, mas dei o primeiro banho no meu filho, sequei e passei a pomada, e a minha solução era colocar ele por cima de mim para que as costas dele ficasse livre para ventilar, foi a primeira vez que vi meu filho dormir tanto, o alívio da dor que com toda certeza ele sentia não tinha preço, nenhum esforço era tão válido quanto aquele.

Me lembro quando o médico entrou e viu aquela cena, ele olhou pra mim e me disse, mãe nunca desiste, era o mesmo pediatra que retirou ele dos tubos, dei um sorriso para ele de agradecimento, os dias foram passando e as feridas foram cicatrizando, até que elas sumiram de uma vez.

Rubens retornou e tudo ficou mais leve, os banhos foram melhores e as feridas fecharam de vez. Virei aquela mãe leoa, ninguém toca nele, foi isso que me tornei naquele momento.

Capítulo 25

Mais obstáculos nesse caminho

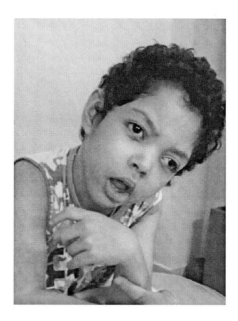

Não tenhas medo da crítica, ela serve para te levantar e mostrar o teu melhor.

João Victor tinha acompanhamento de fonoaudiologia e fisioterapia todos os dias, mas por conta da hipóxia, e muitas lesões cerebrais, as contraturas começavam a se instalar, eram dias difíceis, o tratamento do hospital não tinha o efeito que João Victor precisava, aí começamos uma nova etapa, pagar profissionais que tinham mais experiência para atendê-lo, mesmo dentro do hospital.

Começamos a vender o que tínhamos com meu esposo para darmos um tratamento melhor a João Victor, mas uma coisa me deixava triste, ele tinha perdido tudo, o sorriso, as lágrimas, a fala, os movimentos no geral, eu dormia fazendo massagem e movimentos para ele piscar para não ter nenhum problema maior em seus olhos, mesmo fazendo terapia com a fonoaudióloga não conseguimos evitar, João Victor teve que colocar a GTT (gastrostomia), que é colocada direto no estômago para se alimentar, a nasal já estava irritando a garganta dele.

Lógico que fui contra algumas vezes, aquilo era doloroso para mim, meu filho que sempre amou comer, íamos para a cozinha, ele lavava os copos de plásticos para me ajudar, só para eu fazer um lanche gostoso para ele, o mesmo filho que me dizia que ia ser garçom, para cozinhar para mim, ele achava que garçom cozinhava, era a ideia dele e achava lindo aquilo.

Muitas coisas pesaram naquele dia, meu filho João Victor sempre foi um menino muito carinhoso, ele tinha um hábito, todos os dias ele dizia que me amava e para ficar melhor, ele pegava a flor da planta da casa da vizinha para me dar, quando não tinha flor, ele me trazia capim, um tipo que tem no mato, tipo dente-de-leão, ele é fino e bem verdinho, era sagrado esse gesto dele e quando ele ia para escola ele levava os mesmos capim para sua professora, ele tinha um cuidado no seu irmão mais velho que era de admirar, eles sempre foram muito unidos.

Mas aí vem mais uma aprovação para meu filho, ele começou a chorar muito de repente e ter febre, relatei ao médico e ele me dizia que fazia parte do quadro, se persistisse iriam investigar mais a fundo.

Comecei a observar João Victor, então uma noite sonhei, ele fazia xixi e me dizia, mãe, dói. Então comecei a observar que toda vez que fazia xixi ele chorava mais e a febre persistia, então chamamos o médico e João Victor colheu exame, mas pra minha surpresa, numa manhã de muito choro, fui trocar sua fralda e lá estava, ele expeliu duas pedras pelo canal da urina, meu filho estava com pedras nos rins, e aí o médico acreditou em mim, quando disse a ele que meu filho tinha dor de urina, ele ainda chegou a ser grosseiro quando me disse: "como você sabe, ele te falou", muitas vezes temos que passar por situações que nos geram desconforto de pessoas ignorantes.

João Victor tinha feito uso de nutrição parenteral (via intravenosa) em sua estada na UTI, que depois foi retirado porque ele não tolerou muito bem, aí veio a alegação de alguns médicos na época que a pedra era idêntica a calcificação de resíduo da nutrição parenteral, depois de ter sido analisada pelo laboratório.

Mas uma aprovação para nós, porque querendo ou não, vivíamos tudo aquilo junto com ele, ficamos ali por dois meses morando naquele apartamento de hospital, até nos sentirmos seguros e os médicos nos dizerem que ele estava pronto para viajarmos para nossa casa.

Capítulo 26

Os 5 anos chegaram e junto uma reflexão

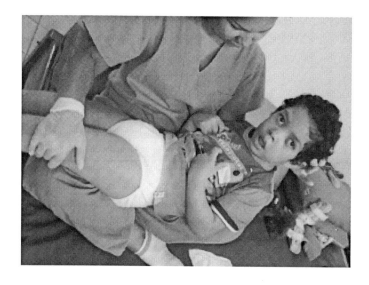

"Ninguém cruza nosso caminho por acaso e nós não entramos na vida de ninguém sem nenhuma razão."
(Chico Xavier)

Depois de tantas aprovações na vida do João Victor, chegou o tão esperado aniversário, seus 5 anos, uma idade muito esperada, um aniversário que de alguma forma marcou seu retorno a uma nova vida, porque era isso que iria acontecer daqui para frente.

Tínhamos planos para esse aniversário, ele gostava de comemorar na escolinha, me dizia que lá tinha muitos bebês para estarem com ele, mas que foi interrompido, mas não me deixei abater, fizemos um para ele dentro do hospital, sim dentro do apartamento, comprei bolo e coloquei balão, ele sempre amou balão, coisas coloridas, era a paixão dele e assopramos a vela naquele dia, ele não teve um grande aniversário, mas ele teve o que poderíamos oferecer a ele naquele momento.

João Victor foi um milagre divino, era sempre dito isso pelos médicos, ele tinha uma força muito grande de viver, o seu jeito sapeca de ser, a teimosia, até o peso ajudou João Victor nessa jornada, tudo contribuiu, me recordo quando uma vez ele me disse que nunca me deixaria, enquanto Lucas tinha planos de morar longe, ser engenheiro mecatrônico, ele dizia, "eu não, vou ser garçom e cozinhar para mamãe", não sei o que meu filho realmente seria, eu sabia de uma coisa, ele ficaria comigo, muitos e muitos anos, até a permissão de DEUS, essa foi a minha grande reflexão nesse dia.

Eu sempre digo que DEUS é bom o tempo todo, porque isso, bem, eu mesma ter vivido e passado tudo que passei com João Victor, não senti a necessidade de blasfemar contra DEUS, ao contrário, toda vez que me ajoelhava, eu sentia o poder de DEUS em mim, por meio das minhas orações e de todas orações recebidas.

DEUS curou João Victor, o salvou e tirou de um lugar profundo em que muitos dos médicos diziam que meu filho não sairia. Era muito raro ouvir de um médico uma palavra positiva, sempre as ruins e sem esperança.

Na noite que tive o sonho em que meu filho voltaria em 29 dias, eu senti a espiritualidade presente de uma forma diferente em mim. A espiritualidade é cuidar de um eu, cuidar de uma essência que tem em você, é um cuidado de uma força que temos e não sabemos, é uma centelha divina, é achar esse grande equilíbrio, esse é meu entendimento.

Entender tudo isso não é fácil, quando passamos por algo tão doloroso, temos a tendência a nos vitimizar, mas eu não pensei muito a esse respeito, só queria me sentir viva e ter achado essa força dentro de mim me acendeu uma luz diferente, talvez se tivesse ido embora com meus filhos, teria acontecido, não sei, nunca irei saber, mas isso já estava escrito no nosso caminho, tinha que ser, meu filho, seu irmão, meu esposo e eu, e muitas pessoas que vieram nessa fase da nossa vida, alguns com críticas, outras com palavras amigas, outras com curiosidades, mas elas vieram.

Gosto de um trecho da mensagem do Chico Xavier que diz "Ninguém cruza nosso caminho por acaso e nós não entramos na vida de ninguém sem nenhuma razão."

Todos que cruzaram nosso caminho vieram com um propósito.

Abraça teu irmão e caminha, mesmo que esse caminho seja longo e cansativo.

Capítulo 27

Alguém bateu na porta, um desconhecido que alegrou nossos dias

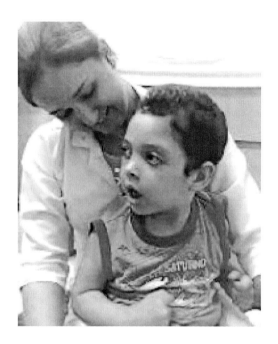

*Alegrai-vos, pois o Senhor teu Deus
te manda anjos para te ajudar.*

Lembro-me muito bem de que eu não conhecia ninguém em Belém, a família do meu esposo morava em uma cidade próxima, mas dentro da cidade de Belém tinha alguns familiares dele (tios, tias e primos), mas eu não tinha nenhum tipo de aproximação. Eles ficaram sabendo

SOB O OLHAR DE UMA MÃE

do acidente de João Victor, mas só deixaram para ir nos visitar quando souberam que meu esposo estava por lá, eles me olhavam de um jeito diferente, me sentia excluída, porque a maioria deles não me dirigia a palavra, somente ao meu esposo, é muito ruim você se sentir excluída, ainda mais em um lugar que você não tem ninguém por você, mas isso não me abateu tanto, ouvi algumas frases como "onde tu estava quando aconteceu", "se não estivesse trabalhando estava cuidando do teu filho", esse tipo de coisa, não respondia, não queria parecer desrespeitosa com as pessoas que ali estavam, e sabe o que mais me incomodava nas pessoas era o olhar de pena para meu filho, não queria aquilo, tratar ele como uma criança diferente me feria a alma, muitas vezes saía e ia andar pelo corredor do hospital até eles saíssem, me deixava mais à vontade.

Então um dia me apareceu alguém, o filho da minha prima que morava dentro da cidade de Belém e não sabia, nunca tinha visto ele, eu sabia que ela era casada e tinha filhos, mas nunca tinha visto nenhuma foto, ele bateu na porta e se apresentou e disse que era filho da minha prima, aquilo aqueceu meu coração, tinha agora alguém que era meu sangue, alguém que parecia se importar conosco, nos ajudar, sim, ele nos ajudou muito, eu podia tomar um banho um pouco mais demorado, porque ele ficava olhando João Victor e eu podia ir na lanchonete comprar um lanche, ah, conseguia pegar o almoço, ou quando ele não podia vir próximo ao almoço, ele já me trazia um biscoito, chocolate, algo que poderia ser deixado para mim, bolo, amava os bolos dele, por meio dele conheci um amigo que fazia parte do ciclo de amizade e naquele momento se tornou o meu também.

Esse amigo me deu o meu primeiro livro espírita, nunca esqueço, era uma linda história de vida, que me tocou muito, isso me aguçou ainda mais a buscar o que o espiritual tinha a me mostrar sobre tudo aquilo, na minha visão de mãe, nunca acreditei que meu filho fez aquilo, uma criança de 4 anos e 11 meses teria a força e a coragem de se enforcar e querer tirar sua vida, dentro de tudo que passei, nada me fazia acreditar, sempre ficava na minha mente, como aquilo aconteceu?, ele criou asas?, alguém colocou ele?, não tinha uma escada, uma cadeira, a cama ficava bem distante de onde tudo aconteceu, eram sempre perguntas que me atormentavam, eu queria saber, mas quem poderia me explicar, ninguém, talvez um dia se ele voltar a falar e me contar tudo aquilo.

Capítulo 28

Chegada de um tio, um grande médium espiritual

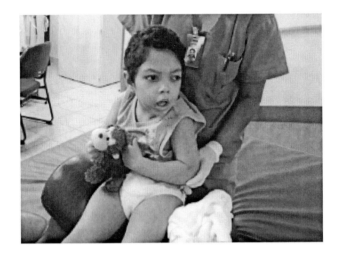

Não julguem sem antes entender.

Então tive uma bela surpresa. Meu esposo pediu ao meu tio que fosse até Belém nos visitar, ele, um grande médium espírita, como já falei, somos de uma família de grandes proporções espirituais, meu avô era descendente de indígena e ele tinha o dom da cura, ele era um excelente rezador, adorava nos contar histórias, meu tio, filho dele, herdou seu grande dom aos 4 anos de idade.

Então desde muito pequenos víamos tudo, ele chegou para acalmar meu coração e ver João Victor, nos explicou o que talvez fosse o provável acontecimento do ponto de vista espiritual, com as suas orações e rituais, meu filho parou de gritar no meio da noite, e o choro cessou, ele conseguia dormir agora e nós também, porque João Victor sempre gritava e chorava, talvez o trauma de tudo que tinha acontecido com ele era presente em suas lembranças.

Os médicos nos diziam que ele escutava e entendia tudo ao seu redor, mas não conseguia expressar, a sua forma de nos dizer algo era chorar e gritar, não podíamos deixá-lo sozinho que ele fica apavorado e só queria colo de mãe ou de pai, foi muita luta nessa fase.

Meu tio ficou duas semanas conosco e retornou para sua cidade, confesso que fiquei triste com sua partida, ele ali era um porto seguro para nós, mas eu sabia que tudo vem em seu momento e aquele foi o dele e ele estaria em orações por nós.

Com todo o ocorrido com João Victor, ficamos dois meses dentro de um hospital, até ele estar seguro para fazermos a viagem de retorno a nossa cidade e nossa casa.

Confesso que fiquei apreensiva, não tinha ideia de como seria daqui para frente, mas tentava não pensar muito a respeito.

Minha cunhada nos visitou, foi maravilhoso, esse foi um momento de descanso, ela ficava com João Victor para dormirmos, meu esposo e eu, me sentia esgotada, mas não demonstrava, estava sempre de cabeça levantada, mas só DEUS sabia o que dentro de mim se passava.

Eu sempre cantava para ele dormir, mesmo nos dias cansativos. Estava lá, cantando. Minha cunhada, vendo minha dedicação, dizia:

— Não sei cantar. Vem e canta "Brilha Brilha Estrelinha".

Era a música favorita dele.

Capítulo 29

Fechamento de um ciclo e uma mensagem de alerta

A maturidade nos traz aprendizado e luz.

Nosso ciclo se fechou naquele lugar, retornamos a nossa cidade. Começava mais uma batalha para nós e não estávamos preparados.

Mas aqui fomos alertados sobre um assunto que não estávamos preparados para ouvirmos. Ela começou nos dizendo e se apresentou:

— Sou psicóloga e vim conversar com vocês para prepará-los para essa nova etapa que os aguarda — tivemos essa conversa antes de deixarmos o hospital em Belém com João Victor.

— Pais como vocês passam por grandes dificuldades no casamento — ela nos disse —geralmente, a mulher é a que mais se doa, enquanto o homem, nem tanto. Muitos homens acabam abandonando suas parceiras porque não aguentam a rotina, e deixar de viver uma vida considerada normal não está na ideia de muitos deles. Então, fiquem preparados caso isso venha a acontecer com vocês.

Ali me acendeu uma luz vermelha que dizia "alerta".

Saber que um dia eu tive um filho normal, de repente, tudo mudou, sair do hospital com uma criança espástica, não senta, não anda, não acha posição para você e ela dormir, não está mais dentro da tua rotina, tudo vira uma rotina, porque ele não sabe te dizer se está com fome, sede, dor, alegria, raiva, nada, você tem que viver por ele e com ele.

Então, sim, ela tinha toda razão em nos alertar sobre o assunto, porque eu me conhecia e com toda certeza deixaria tudo para trás e cuidaria do meu filho e se meu esposo tomasse essa decisão em algum tempo de nossas vidas, não iria julgá-lo, mas eu não deixaria meu filho por nada.

Se escolhesse ser "mãe solo", teria suas consequências, pois tinha os meninos, mas confesso que tinha medo, mas também teria a coragem para dizer "chega" que em algum ponto da minha vida precisasse, tentei deixar aqueles pensamentos um pouco de lado e focar no que era bem mais importante naquele momento.

Ali me acendeu aquela luz de que eu não deveria sofrer por antecipação.

As coisa foram muito rápido, tudo aconteceu numa velocidade que nem eu sei explicar, mas o jeito como meu esposo tratava as coisa me incomodava, eu queria correr rápido e girar o mundo para encontrar uma solução para meu filho, enquanto ele esperava que as coisas "talvez" acontecessem, mas eu sempre guardei e guardo a frase na minha jornada de vida que diz "Faça sua parte e eu te ajudarei", se não nos levantarmos e darmos o primeiro passo, nada irá acontecer, Deus nos ajuda, mas nos esforçar faz parte da nossa busca para chegarmos e acharmos a solução.

Quando falo aqui sobre busca é dizendo a vocês que quem tem um propósito na vida, não desista, pois se algo no teu caminho te mostrou, porque tu és capaz.

Eu entendi isso quando eu comecei minha jornada com João Victor, vocês acham que Deus me pegou em uma carta de baralho me virou e disse "É esta aqui", não, ele me moldou, me preparou, porque nós, mães, somos escolhidas e preparadas para recebermos filhos que nem o meu com a "Paralisia Cerebral, ou outra patologia", ele quer que nós mostremos que somos capazes de enfrentar o mundo e isso para mim é uma forma de evolução. E deixo aqui claro quando falo "mãe", mas sei que existem muitos "Pais" que tem essa missão também.

Na minha caminhada, conheci mães que deixaram os filhos com avós e pais porque não conseguiram deixar suas rotinas para cuidar ou se dedicar de crianças como a minha, porque não é fácil, só quem realmente tem muito amor consegue passar por isso.

Sempre ouvi pelo caminho e de pessoas próximas a mim que me olhavam e me dizem até hoje "Se fosse comigo não teria a força que tu tens" ou "Eu teria morrido na primeira batalha", mas mal sabem elas que eu não nasci com toda essa força, eu fui descobrindo aos poucos e para essas e muitas que irão ler meu livro digo a vocês: todas(o) nós temos essa força sim, ela só está adormecida, mas quando precisamos ela acorda e nos mostra a grandeza de nosso poder e fúria que temos dentro nós.

Somos um vulcão em erupção e isso ocorre quando nossa família está em perigo ou nossos filhos.

Capítulo 30

Dificuldades pelo caminho e uma mão divina estendida

É na dificuldade que vemos o agir de Deus.

Não tive uma orientação correta de como lidar com uma alimentação saudável para meu filho, o que ouvi foi, alimentação enteral pro resto da vida, ajustar equipo na GTT e verificar o seu gotejamento.

Fui aprendendo aos poucos sozinha mesmo, buscando e perguntando a quem eu achava que conhecia, errando e acertando, mas não desistia.

João Victor tomava remédio para espasticidade e para prevenir a convulsão.

Nossa chegada houve a curiosidade das pessoas e pessoas afetuosas, meu irmão mais velho estava lá, mas sei que ele ficou triste ao ver seu sobrinho naquele estado, todos ficaram. Chegar naquela casa me deixou apavorada, eram lembranças dolorosas, não conseguia entrar no quarto do meu filho nem deixar seu outro irmão dormir lá, paranoia, talvez, medo, também. Apesar de não ter encontrado João Victor naquele estado, mas os relatos da minha sobrinha eram vivos na minha memória, comecei a não dormir, achava que se dormisse algo mais sério aconteceria com meus filhos, agora não era mas só João Victor, era com Lucas também, ia ficando cada vez mais difícil, meu esposo achou a forma de enfrentar aquilo no trabalho, eu era pai e mãe integral, ele trabalhava de domingo a domingo, ele chegava estávamos dormindo, ele saía ainda estávamos dormindo, aquilo me gerou tristeza e meu corpo começou a adoecer, ele não conversava a respeito do acontecido, ele sabia o que me ouvia relatar e as pessoa quando perguntavam, às vezes que esteve por perto ele ouvia, cada um sofre de sua maneira, essa era a dele.

Comecei a lembrar das palavras da psicóloga, estava fazendo sentido para mim, mas eu não dizia nada, me calava em meu silêncio, o silêncio passou a fazer parte de mim e das minhas reflexões. Minha rotina era João Victor e levá-lo a terapia todos os dias.

Quando retornamos nos deparamos com uma vida financeira totalmente quebrada, tudo que tínhamos foi usado para ajudar João Victor em terapia particular, pois o plano não cobria, dívidas se acumularam e não tínhamos uma saída, os custos com João Victor eram elevados por conta da sua condição, minha irmã que morava comigo foi embora antes do acidente de João Victor, não tinha mais apoio emocional, estava sozinha, o que fazer, nada, empréstimo, não, estávamos devendo, então algo nos aconteceu.

Uma manhã fomos ao banco, meu esposo e eu, quando conversávamos com o gerente e ele nos explicava que não poderíamos ter nenhum tipo de empréstimo naquele momento, voltamos para casa, mas alguém ali naquele momento nos ouviu, não sabemos quem.

Ao chegar em casa me deparo com meu filho Lucas me pedindo uma caixa de cereal, naquele dia quase não tínhamos almoço, nossa, uma lembrança dolorosa, o que dizer para meu filho, que não tinha, uma criança de 6 anos e pouco de idade e ainda dizer a ele que talvez nem o jantar teríamos.

Minha sobrinha estava lá conosco, ela ficou até eu voltar com João Victor, foi minha fortaleza naqueles momentos difíceis para nós, ela é como uma filha, só não gerei nove meses, mas criei, desde muito pequena, assim como seu irmão, então me virei para meu filho e disse:

— Filho, confia na mamãe.

Ele disse "sim".

— Então logo seu pai e eu vamos trazer seu cereal — eu disse, e ele ficou feliz.

Meu esposo voltou ao trabalho e eu entrei no meu quarto e desabei, me agarrei ao João Victor que dormia e chorei, eu disse chorando, DEUS não me abandones, sei que tu já fizeste muito por nós, sou grata, mas não deixa eu desabar, me mostra um caminho e eu seguirei, nunca esqueço disso, de repente ouvi uma batida na minha porta, era minha sobrinha, ela disse:

— Maria, vem aqui — eu saí do quarto e fui até a sala, minha sala estava cheia de sacolas de compras, por todos os lados, e tinha uma sacola solta e dentro dela tinha um caixa grande de cereal que tanto meu filho queria.

Ela veio à minha casa, uma mulher de DEUS, que eu a conhecia, eu sempre comprava roupas em sua loja, ela tinha um grande carinho por nós, e nós por ela, aquilo pra mim foi uma resposta de DEUS às minhas súplicas, era meus filhos que estavam precisando, era por eles, eu tinha certeza disso.

Algumas horas se passaram e recebi um telefonema do nosso gerente, nos dizendo que alguém tinha nos feito um depósito, até hoje não soubemos quem foi, mas foi alguém que estava ali naquele momento e escutou nossa conversa e ali tive mais uma vez a certeza de que DEUS existia de uma forma extraordinária.

Capítulo 31

Confrontos, decepções, agradecimentos e amizades sinceras

A religião não te salva e sim suas ações perante Deus.

Começamos a receber visitas em nossa casa, algumas somente apareciam por curiosidade, queriam ver meu filho como tinha ficado. Mas tinha aquelas que iam fazer oração por nós, mas também teve aquelas que queriam que trocássemos de religião, pois nossa vida só iria mudar se fosse feito isso, eu não tinha muita paciência com essas pessoas, algumas vezes fui grosseira, mas aquelas que iam me abraçar e me mostrar que DEUS tinha um propósito na minha vida e da minha família, elas eram sempre bem-vindas.

Os colegas de trabalho do meu esposo começaram a fazer "vaquinhas" financeiras para nos ajudar, eu fazia questão de ter o nome de todos em um papel, pois eu sempre pedia em oração pela vida de todos, porque o pouco que tinham, faziam questão de dividir com nossa família. Observei uma coisa nessa jornada, muitos que se consideravam nossos amigos sumiram, sabe aquele final de semana com churrasco e bebidas que reunia todos os amigos, não aconteceu mais, eles nem passaram na nossa porta para saberem de nós, então começamos a entender que aquilo não era amizade, porque amigos, eles estão nos bons e maus momentos com você, isso nos fez recuar, nos isolar de amizades.

Mas tenho uma em especial, que me ajudou muito, ela era e é mãe do melhor amigo do meu filho Lucas, nossos filhos se conheceram bem pequenos, na primeira escolinha.

Lembro-me que ela estava treinando para tirar sua carteira de habilitação, nossa casa não ficava muito distante do hospital onde João Victor fazia fisioterapia, mas para nós que estávamos sem carro, era complicado, levar ele no sol e empurrando uma cadeira de rodas, não era tão bom assim.

Ela foi nos visitar e me disse "confia em mim, sei dirigir direitinho, levo vocês todos os dias", e assim se cumpriu, ela deixava seus afazeres para nos ajudar.

Um dia ela chegou para mim e disse que não poderia mais nos levar porque pessoas tinham insinuado a denunciá-la por ela não ter sua habilitação; estava tudo bem, ela nos ajudou e muito, fez um aniversário lindo pro meu filho João Victor, nunca esqueço, sou grata até hoje por sua coragem e generosidade.

Outra pessoa que não poderia deixar de mencionar aqui, nosso anjo protetor, nosso vizinho. Ele estava em sua casa naquele horário, se não estivesse ali, meu filho com certeza não teria sobrevivido, ele ia todas as tardes fazer acupuntura em João Victor com as sementes de mostarda e me ensinou manobras de massagens nos pés para relaxar aquela grande tensão que João Victor tinha, minha eterna gratidão.

Era difícil, tínhamos vendido tudo, inclusive nosso carro naquela época, nossa casa, já não tinha mais nada que pudéssemos vender.

Lembro-me de uma coisa e paro para refletir sobre algo.

Tínhamos uma vida estável, dois filhos, meu esposo um emprego e eu começando o que sempre quis, ter uma formação e ser reconhecida no mercado de trabalho, deixar meus filhos crescerem e só depois ir a esse encontro na minha vida, foi o que planejei, minha irmã mais velha me incentivou a estudar e fazer meu primeiro curso técnico, ela me disse "nós, mulheres, não precisamos ficar somente atrás de um marido, estuda, te forma, tu não sabes teu dia de amanhã, se nada der certo no teu casamento, tu tens como te sustentar porque tu terá uma carreira". Ela ficava com os meninos para eu terminar meus estudos e fazer meu curso técnico, boas lembranças, ela já se foi deste mundo, só nos deixou saudades.

Eu sempre digo que, de repente, era tudo estável e de uma hora para outra tudo mudou, chegamos ao fundo do poço, me parecia que nunca iríamos nos reerguer, mas sempre havia uma solução momentânea.

Então tentamos outra forma de ajudar João Victor, pedimos para mudar de casa, para mais próximo ao hospital, onde não teria que depender de ninguém, era somente atravessar a rua e tudo ficaria fácil, ficamos aguardando ter uma casa próximo para mudarmos.

Nessa fase era tudo muito difícil, João Victor cada dia mais apresentava deformidades em seu corpo, as dificuldades de locomoção e até mesmo de cuidados eram complicadas.

A fisioterapia era a única forma naquele momento de ajudá-lo, para não ter uma piora maior, então me dediquei totalmente a isso.

Capítulo 32

Retorno de um tio, grande médium espiritual

Abra a mente para entender a espiritualidade.

Um dia recebemos a notícia de que meu tio iria nos visitar, ele esteve conosco em Belém e estava retornando a nossa casa pelo João Victor.

Ali presenciei algo que vai além do inexplicável. Meu tio pediu para dormir no quarto onde tudo tinha acontecido, depois do acidente ninguém mais dormiu lá, passamos à noite sem dormir, ao redor da casa ouvíamos passos e arranhões nas persianas (nossa casa era com persianas e telas por fora para não entrar insetos), João Victor nesta noite não dormiu chorando, não entendemos nada daquilo tudo, mas a ordem do meu tio era de que ninguém deveria sair dos seus quartos enquanto ele não liberasse a casa.

Na madrugada ele bateu na porta do nosso quarto, quando abri ele estava com semblante cansado e preocupado, ele me perguntou, cadê João Victor? está na cama disse, ele estava com uma tigela na mão com algo dentro, tinha uns óleos diferente ali, resmungou, viemos fazer massagem nele, mas era de madrugada, tudo bem, abri mais a porta e ele entrou, ele fez massagem nos lugares onde João Victor tinha mais dificuldades para relaxar e a madrugada era a que mais ele ficava calmo; depois da massagem ele envolvia João em umas bandagens e ficava assim até de manhã, essa foi uma rotina que perdurou enquanto ele estava em nossa casa, com efeitos muito benéficos para nosso filho, os banhos de sol assim chamado com ervas medicinais eram feitos todos os dias e João Victor era banhado todo final de tarde.

Era e é nossa crença, crescemos vendo pessoas serem curadas com remédios caseiros feitos por meu avô e agora pelo meu tio, então eu confiava e confio até hoje nele.

Pela manhã nos reunimos ao redor da mesa para tomarmos café, tinha sido uma noite difícil para todos, ele nos disse que não tinha como evitar o que aconteceu a noite, mas estávamos protegidos espiritualmente, foi oferecido ao espírito habitado nessa mata aqui na frente uma bandeja com oferenda e dentro dela algo aqui dessa casa, que tinha a ver com tudo que tinha acontecido, no dia do acidente alguém jogou na mata algo que foi prometido, mas foi incompleto, ele veio buscar o que faltou, ele é transparente e seu corpo é como gelatina, ele se estica como um elástico e ele se aproximou e João Victor estava indefeso, o corpo do João Victor está ficando como o dele torcido, precisamos cuidar dele, fiquei assustada, ele me olhou e disse, não tem medo, aqui ele não volta, só vamos cuidar do rapazinho.

Assim ele cumpriu e seus rituais continuavam, ele não dizia estar cansado em momento algum, ele estava lá pelo meu filho.

SOB O OLHAR DE UMA MÃE

Ele retornou a sua cidade e eu fui instruída a fazer todo ritual de massagens e banhos de ervas medicinais, talvez meu filho não voltaria a ser o de antes, mas uma qualidade de vida melhor ele teria, pelo menos pelo lado espiritual.

Capítulo 33

Nova moradia, renovação espiritual e um corpo adoecido

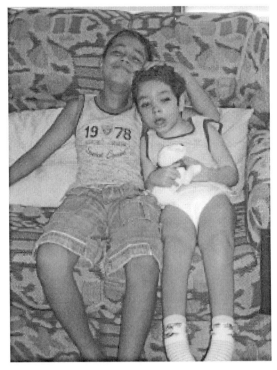

Nosso espírito se renova a cada amanhecer.

Com a mudança de casa me deu mais ânimo para continuar, estávamos saindo de um ambiente onde tudo nos lembrava uma tragédia, era um grande alívio para nós.

A nossa paz de espírito foi maior, novos vizinhos, novo ambiente, nos alegrou de alguma forma. Nesse tempo esperávamos uma vaga no

SOB O OLHAR DE UMA MÃE

Hospital Sarah de São Luís, no Maranhão, graças ao apoio que estávamos tendo da empresa em que meu esposo era funcionário, tivemos toda a assistência junto a eles no que foi possível. Uma eterna gratidão a todos.

A rotina começou a mexer com meu corpo, minha mente e me adoecer. Meu esposo só trabalhava e eu continuava ali para nossos dois filhos, eu me isolei de amizades, as que mais próximas ficaram eram as que cuidavam do meu filho, não comecei a perceber que os sinais da depressão estavam chegando até mim.

João Victor tinha fases difíceis, ele chorava muito, e eu não sabia o que fazer, comecei a vagar pela noite na casa, observava meu filho Lucas três a quatro vezes na noite, achava que algo muito ruim poderia acontecer com ele, chegava a sentir se realmente ele estava respirando, o medo tomava conta de mim de uma forma avassaladora, mas eu fazia uma coisa, não deixava meu esposo perceber nem ninguém ao meu redor, o pouco tempo que ele ficava em casa, eu tentava sorrir e escondia minha real situação, eu sabia que a carga dele era grande, e ao fazer isso achava que estava ajudando-o e a mim também.

O meu medo era algo causado pela culpa que sentia, por não ter tido mais cuidados e atenção com meu filho em termos espirituais.

Eu me culpei por não ter parado ou conversado com meu tio naquela época, talvez ele tivesse me direcionado, a minha mente era somente culpa, culpa e culpa.

O fardo é muito grande e doloroso quando nos culpamos por algo, não vemos saída, mesmo as pessoas ao redor nos mostrando que não temos ou não somos responsáveis por aquilo, a mente nos trai de uma forma inexplicável.

Só me restava seguir em frente com meu filho e tentar fazer o melhor por ele, pois sentia que devia isso a ele.

Capítulo 34

Cura espiritual e uma mediunidade

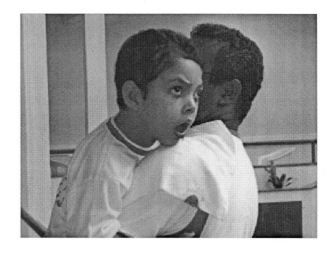

A espiritualidade nos gera medo e conflitos se não buscarmos entendimentos.

Um longo relato sobre meu pequeno João Victor. Aos 6 meses de idade ele teve um problema umbilical, o umbigo dele caiu muito rápido, foi cortado muito curto, quando caiu ficou sangrando por um tempo e a pediatra me disse que era normal, mas João Victor desenvolveu hérnia no umbigo, levei ao pediatra e a única solução era a cirurgia.

Então minha tia que morava em outra cidade soube, ela sempre me dizia que João Victor era o anjo mais lindo que tinha no céu e que DEUS o escolheu entre tantos e mandou o mais lindo para mim e me ligou dizendo para não levar para cirurgia ainda, "tu tens um tio com grande dons espirituais e que resolve isso sem ele passar por cirurgia", fiquei pensando e conversei com meu esposo e lá fomos nós, meu marido sabia que esse meu tio tinha alguns dons, mas ele mesmo me dizia que não queria saber mais do que aquilo, já ouviram "costurar a rasgadura" (esse é o termo usado para se fechar uma carne rasgada no corpo para evitar a hérnia), a do João Victor já estava bem aparente, o umbigo dele estava bem dilatado e ele chorava muito.

Meu tio como sempre veio ao nosso encontro na cidade vizinha, ficamos três dias por lá, um final de semana, mas não foi o suficiente, precisava de sete dias, voltamos por conta do trabalho do meu esposo. Meu tio ficou em contato conosco e João Victor ainda chorava, então titio veio até nossa cidade para continuar o tratamento, ficou duas semanas conosco.

Uma manhã ele me chamou e me disse que eu teria que ter muito cuidado com João Victor, achava que era em relação à hérnia, mas somente isso foi dito por ele naquela ocasião.

Quanto ao problema do João Victor, foi resolvido sem precisar de cirurgia, seu umbigo é perfeito até hoje.

Em uma outra ocasião titio retornou, era aniversário de alguém, não me recordo agora de quem.

João Victor já tinha 2 anos de idade, geralmente quando recebíamos visita, elas ficavam no quarto dos meninos, e com ele não foi diferente, lembro-me que de manhã após o café ele me chamou no quarto e me disse, João Victor tem uma grande mediunidade, toma cuidado com ele, não deixa ele só no horário de meio dia, vocês moram em frente a uma grande floresta, onde foi habitado por indígenas da região e antes de ser a cidade, era habitado por eles, aqui nesse quarto existe algo muito precioso que pertence a eles, mas nem sempre aparecem com boas intenções, aquele foi um aviso, mas com a correria da vida, me fugiu completamente da mente aquele alerta.

Capítulo 35

Família

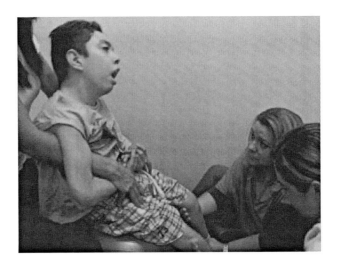

Não guardemos ressentimentos, a família é nosso pilar.

Meus dois irmãos moravam na mesma cidade também, mas eles quase não apareciam, meu irmão mais velho meio que sumiu, mas seus filhos sempre estavam por lá quando podiam, de alguma forma eu entendia, ver João Victor naquele estado não era fácil, ele era muito chegado com seu tio, ele adorava escutar música na companhia do meu irmão, ele tinha paciência de ensinar João Victor a tocar violão, o que era difícil, pois ele era canhoto, me recordo que todo final de tarde tinha que levá-los no parquinho e depois na casa do meu irmão. Meu outro irmão aparecia de vez em quando, mas a forma de ele aparecer me intrigava, ele sempre dizia "passei aqui porque o pessoal me pergunta como está João", mas os seus filhos também ficavam por perto, mas ele era mais frequente que meu irmão mais velho e assim seguíamos.

Não sei se algum deles alguma vez soube das nossas dificuldades de vida, mas que para mim não foi tão relevante, porque a cada dia nos levantávamos, mesmo doloridos de angústia e sofrimento, mas estávamos lá recomeçando todos os dias.

Minha família morava em Manaus, era mais complicado irem me visitar, mas estavam presentes comigo em oração.

Minha mãe chegou a me visitar com meu pai, uma única vez, mas ficaram pouco tempo.

Tive um longo sofrimento em relação à minha mãe nesse momento, digo isso porque eu já estava com depressão nesse tempo e aquela espera chegou, mas não saiu como eu idealizei, ela veio até minha casa, eu tanto esperei por esse momento, mas quando chegou me senti decepcionada, ela ficou três dias somente e viajou para outra cidade vizinha para visitar minha irmã mais velha, mas o que me deixou triste naquele momento foi ela me dizer que não poderia ficar mais do que aquilo porque não poderia deixar minhas irmãs onde estavam porque eram solteiras e não tinha ninguém para acompanhá-las, ali nasceu uma dor sim, porque esperei tanto esse momento, sabe, achei que, quando ela chegasse, com sua sabedoria e suas orações, fosse me ajudar, sentar comigo e me aconselhar, mas não aconteceu, mas hoje entendo que talvez nem ela soubesse o que me dizer naquele momento.

Era tudo muito doloroso para todos nós e com certeza não era diferente para ela, meu pai já era diferente, lembro me que ele sentou-se no sofá da sala comigo e me pediu para eu contar a ele o que tinha acontecido e depois ele me disse que tudo ficaria bem, que eu tinha que ter confiança em Deus e não desistir.

Capítulo 36

A depressão, o desânimo e um chamado: mãe!

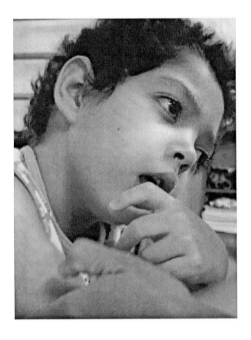

A oração traz equilíbrio para o corpo, mente e alma.

Eu não tinha tanto ânimo, mas quando olhava para meu filho João Victor eu sabia que tinha que me levantar, ele só tinha a mim naquele momento, se eu desabasse, não teria ninguém por ele.

Um dia minha cunhada veio, ela chegou bem cedo nas nossas vidas, presenciou a infância dos meus filhos, eles gostavam muito dela, João Victor era apaixonado por ela, ela foi estudar em uma cidade vizinha, mas quando podia estava sempre conosco, ela chegou numa fase do

SOB O OLHAR DE UMA MÃE

começo da minha depressão, eu sei que ela notou que eu não estava bem emocionalmente, a forma de me ajudar era de ficar com João Victor e dar carinho para ele naquele momento, então minha sobrinha também voltou para mim, deixou um ano seus estudos e veio ficar comigo, nossa, minha gratidão às duas é eterna, comecei a ter crises de choro, João Victor chorava muito e eu não sabia o que fazer, queria tirar aquela dor dele, mas não sabia como, e elas estavam lá dividindo um colo com ele, porque tinha horas que eu desabava, me recordo de começar a não querer tomar banho, nem pentear os cabelos, elas me diziam "vai tomar banho que ficamos com João Victor", eu ia e ficava pensando embaixo do chuveiro, meu corpo não queria banho, eu só queria me deitar, fechar as janelas e ficar na escuridão do quarto, me cobrir e ficar embaixo das cobertas e lá ficar, mas ele precisava de mim, Lucas precisava de mim, eu tinha que tentar, saía do banheiro e minha sobrinha me chamava no sofá para sentar e penteava meus cabelos, porque vontade eu não tinha, aquilo foi ficando mais sério, então resolvi ir ao médico, todos ali me conheciam, nem precisava dizer porque estava daquele jeito, me foi passado um remédio controlado, tomei no primeiro dia, me deu muito sono, quase não levantava, meu corpo precisava de descanso, mas como descansar com duas crianças praticamente.

Observei que não ia funcionar, parei por conta própria, pelo meu filho, os médicos me diziam para procurar famílias que tenham filhos igual ao seu, veja as experiências, para te ajudar, mas eu confesso que não queria aquilo, eu tinha sido uma pessoa que nunca tinha parado para ler ou até mesmo ver alguém com necessidades especiais, me recordo que um dia meu filho João Victor estava assistindo à televisão, aí perguntei a ele:

— O que você assiste aí, João Victor?

— Mãe, estou vendo os bebês que precisam de ajuda — ele disse.

Olhei para a tela, lá passava o Teleton, João continuou:

— Vamos ajudar, mãe?

— Meu filho, — respondi — acho que essas crianças nem recebem assistência, isso é para fazer mídia e ganhar dinheiro, da próxima vez ajudamos.

Confesso que depois do acidente do meu filho, isso me voltou forte na minha memória, como se ele estivesse me dizendo "mãe, um dia serei eu desse jeito e irei precisar de ajuda".

Me fechei a tudo isso. Um dia estávamos sentadas na sala, minha cunhada com João Victor no colo chorando, minha sobrinha e eu no sofá, ele já tinha passado pelos nossos braços e nada de se acalmar, ela começou a falar com ele no colo e cantando uma música, de repente ela entrou no quarto que ficava em frente a sala e andava com ele, nós ouvimos o João Victor falar, ele disse em alto e bom som:

—MÃEEE — seu chamado foi como um desespero. Eu dei um pulo tão grande e saí no rumo do quarto e ficamos nós três ali esperando ele falar de novo, mas nada, eu dizia, fala de novo filho, fala, a angústia tomou conta de mim, sabe o que é passar muito tempo sem ouvir a voz do seu filho, tinha horas que achava que tinha esquecido da sua voz, seu sorriso, minha angústia aumentava sempre que lembrava, mas aquele dia foi a última vez que João Victor falou e nunca mais.

Minha sobrinha e minha cunhada, pessoas que realmente atravessaram a rotina comigo, com certeza vieram na minha vida para me levantar, elas estavam comigo na alegria e na tristeza, me abraçavam quando necessário e não me deixavam cair nessa fase tão difícil da minha caminhada com meu pequeno João Victor.

Elas alegravam Lucas para ele não se sentir tão sozinho, já que meu tempo maior era por João. Meu amor por elas é grandioso, que atravessa o infinito. Amo vocês duas!!!

Eu continuava as rotinas, meu casamento estava cada vez ficando para trás e sem alcance, mas eu nem pensava muito sobre o assunto, queria achar uma forma de ajudar meu filho, aquilo virou quase que uma obsessão para mim.

Mas me sentia sozinha de alguma forma, falo em relação ao meu casamento, não tínhamos mais aquela conexão de antes. Tudo realmente virou uma grande rotina para ambos.

Capítulo 37

Uma visita abençoada

Deus dá o frio conforme o cobertor.

Recebi a visita de uma antiga amiga da minha mãe, junto estava o padre que fez meu casamento, veio celebrar missa na igreja e ficou sabendo do acontecido e foi nos visitar. Suas palavras naquele momento me levaram uma calmaria, me disse "Deus dá o frio conforme o cobertor, quando ele vê que o frio é muito e o cobertor não dá mais, ele mesmo te abraça e tira teu frio e te acalma", tudo é um propósito, não entenderas agora, mas lá na frente, tu vais olhar para trás e vai ver que o que foi permitido por ele tem um propósito na tua vida e da tua família. Se despediram e se foram.

Toda vez que alguém ia me visitar me alegrava de alguma forma, mas quando elas iam embora me voltava aquela tristeza, algo faltava, tinha o vazio, eu mesma me dizia, tenho dois filhos, um marido, uma casa e o que ainda falta, Senhor, me mostre, me diga, mas ainda não tinha resposta.

Nossa, eu costumava fechar as cortinas da minha sala, assim como vinham pessoas boas, vinham pessoas ruins, aquelas que queriam que eu deixasse a minha religião e buscar conforto em outra, me diziam que meu filho só ia se curar se eu fosse para a igreja evangélica, que somente lá haveria salvação para minha família, aquilo começou a me incomodar. Então, algumas vezes eu não atendia, me fechava em casa e deixava eles gritarem na frente da minha casa, não por não ter educação, mas por tudo, queria paz e tranquilidade, mas ali muitas vezes não tinha, minha cabeça era um turbilhão de desespero, dor, angústia e ainda receber pessoas que tentavam ditar a verdade e de alguma forma achar que mostrar a verdade era dizer que eu não teria escolhido uma boa religião e esse era meu castigo e da minha família.

Sempre acreditei que religião não te salva ou te faz melhor, mas sim nossas ações perante Deus, porque é isso que viemos buscar nesta terra. O que passamos são passos a serem interpretados por nós e tirar deles o melhor entendimento para nossa vida e evoluir de alguma forma.

E que o frio e o cobertor é a melhor forma de interpretação, porque Deus só te dá aquilo que podemos suportar. Ele é um Deus de amor e nos ama incondicionalmente.

Capítulo 38

O inesperado e um alguém desconhecido

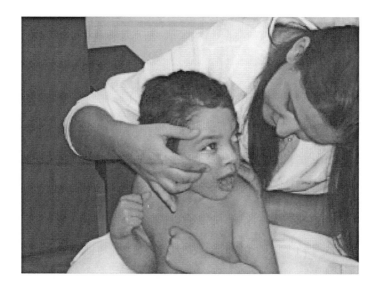

Pense e reflita, nossos atos muitas vezes nos levam a questionar nossos erros.

Então vivemos e presenciamos coisas do lado espiritual não muito boas. Esse foi meu ponto de vista algum tempo depois.

Mas meu relato aqui faz parte de uma jornada vivida com meu filho, então não poderia omitir. Uma batida na porta e alguém foi atender, não me recordo quem, me disseram que tínhamos uma visita, era uma antiga amiga de minha mãe, ela tinha ido nos visitar, ao abrir a porta ela me recebeu com um abraço que a retribui, então levantei a cabeça e vi que ela estava acompanhada de um senhor que não o conhecia.

Ele aparentava uns 50 anos ou mais, com cabelos grisalhos e uma aparência indígena. Não parecia fazer parte do local onde morávamos. Ela nos apresentou e, por educação, os convidei a entrar e sentar. Enquanto conversávamos, observei que ele me olhava muito, como se estivesse querendo me dizer algo, o que já estava me incomodando. Ela percebeu e disse:

— Ele quer conversar uma coisa contigo — apontando para ele.

Virei-me e fiquei de frente para ele. Ele começou dizendo:

— Eu já te conheço.

— De onde? — perguntei — nunca lhe vi na minha vida.

— De fotos — ele respondeu. Então continuou:

— Eu sou um pajé e curandeiro da umbanda. Me foi levada sua foto, uma quantia em dinheiro e suas vestes. Me foi pedido oração para sua separação. A intenção disso tudo era que você deixasse sua família e outra pessoa assumisse. Ela queria sua vida, seu carisma. O seu jeito de ser a incomodava, e a forma como é tratada pelo seu esposo, ela queria tudo que era seu. Sabes se algo seu pessoal sumiu?

— Não, respondi. Não tive nem tenho tempo para me preocupar com isso. Mas o que você quer na verdade?

— Soube que a intenção de atingi-la não funcionou, mas sim seu filho. Fiquei sem dormir várias noites, sabendo que era uma criança. Seu filho lhe deu proteção, mesmo sendo apenas uma criança. A mediunidade dele é forte como rocha, mas seu espírito está preso. Ele está desesperado e quero ajudar — ele explicou.

Tem noção de alguém adentrar sua casa e dizer a você que fez uma coisa ruim pra tua família e a própria quer ajudar, como não sentir raiva, até cultivar ódio no coração, como já falei aqui, já vi e já presenciei coisas bem ruins dentro do espiritismo, mas não a esse ponto de ouvir aquilo, ele tinha em seus olhos arrependimento, mas que naquele momento não me convenceu, disse a ele "vou pensar se quero sua ajuda", meu esposo não estava em casa naquela ocasião, apesar de tudo que passávamos, não escondia nada do meu esposo, eu sempre fui uma pessoa de sentar e conversar.

Ficaram um pouco mais e foram embora. Muitas vezes o desespero nos leva a fazer coisas inimagináveis, sei disso porque fizemos e

SOB O OLHAR DE UMA MÃE

nos permitimos a quase tudo pelo nosso filho João Victor. Depois de conversarmos decidimos ver o que ele tinha a nos oferecer. Não queria confiar nesse homem, mas tinha alguma coisa que me puxava para realmente ver o que ele poderia ou iria fazer. Entender esse caminho espiritual não é fácil, o aprendizado é grande, mas traz medos e ao mesmo tempo grandes conhecimentos. Então começaram rituais que nunca tinha presenciado, mas nada no corpo do nosso filho, coisas de longe, algumas coisas foram válidas, como as massagens corporais que ajudaram muito no relaxamento dos tendões do João Victor, os banhos de imersão com folhas medicinais, flores e óleos relaxantes. Eu não acompanhava os rituais realizados por aquele senhor que chegou à minha casa, que eram destinados ao João Victor como uma forma de cura espiritual.

Meu esposo preferia me poupar, eram em matas fechadas, fogueiras, mergulhos em águas e eu realmente, não me sentia preparada e não me sentia à vontade em deixar João Victor, por mais que tivesse um entendimento espiritual, não permitia que meu filho estivesse presente nesses rituais, não de forma presencial.

Em um dos rituais realizados por aquele senhor, que eu não presenciei, mas que meu esposo acompanhou, houve um relato sobre João Victor. O senhor disse que o espírito de João estava preso no fundo de um rio, sob uma enorme pedra, que ele mesmo havia criado para ser daquele jeito. Ele se deslocou para um local no meio da floresta, e meu esposo me contou que muitos obstáculos surgiram pelo caminho. Um dos desafios foi uma imensa árvore caída na estrada que dava acesso ao lugar. Eles precisaram cortá-la com facões, usando as próprias mãos, para que o carro pudesse passar e chegassem ao local indicado.

Meu esposo relatou que, embora não estivesse muito próximo, conseguiu observar o ritual porque o farol do carro iluminava a área. O senhor desceu nas águas e mergulhou várias vezes na parte mais profunda, permanecendo lá por um bom tempo. Ao retornar, ele disse que não havia conseguido liberar totalmente o espírito de João Victor, mas que o tinha soltado parcialmente. Explicou que não podia desfazer o que havia feito com cem por cento de sucesso, pois já não possuía a força espiritual necessária. Disse ainda que aquele lugar se tornaria a casa espiritual de João Victor.

Naquele dia, vi a aparência do meu filho melhorar aos poucos. O semblante dele começou a retornar ao seu rosto, suas bochechas foram ficando aos poucos rosadas, e melhorando aquele aspecto fino e seco que João Victor tinha em seu rosto. Não há como descrever plenamente a condição em que ele se encontrava antes.

Em um desses rituais, eu estive presente e acompanhei tudo. Ele me pediu para ir junto, dizendo que era necessário, e assim fui, e conto agora com toda veracidade e riqueza de detalhes. Lembro-me do dia em que ele queimou a rede na qual meu filho ficou enganchado. No Norte, é muito comum termos igarapés, pequenos riachos de água cristalina que nascem na mata e deságuam em rios. Fomos para um dos igarapés na redondeza, onde ele acendeu uma fogueira e jogou a rede nela.

Enquanto a rede queimava, algo incomum aconteceu: não havia fumaça, como seria normal ao queimar algo. Em vez disso, saíam raios coloridos e muitas cinzas que voavam pelo ar como flocos de neve. Ficamos ali observando até a fogueira se apagar. Ele nos explicou que a rede fazia parte de um ritual realizado pela pessoa que havia solicitado.

Esse senhor vinha à nossa casa uma vez por dia para realizar banhos e massagens em João Victor. Mesmo assim, as terapias médicas de meu filho nunca foram abandonadas. Acredito sim no lado espiritual, mas também reconheço o valor da medicina.

Comecei a sentir um repúdio crescente por aquilo, como se algo dentro de mim dissesse: "Tira-o da sua casa, volte para o outro caminho e não esqueça de Deus". Mesmo passando por todas essas experiências, nunca abandonei minhas orações. Sempre pedia, nelas, direção e entendimento.

Uma tarde, enquanto dava banho em João Victor, ele, o senhor, estava sentado na área de serviço e comecei a ouvir que conversava com alguém. Depois de trocar meu filho e deixá-lo na cama por alguns minutos, fui pelo corredor devagar. Para minha surpresa, ele estava conversando com sua esposa, e as palavras que ouvi naquele momento foram decisivas para o afastamento dele de nossas vidas. Ele dizia:

— Não poderei fazer mais nada por ele, mas se ficarmos, podemos pedir dinheiro a eles em troca de algo.

SOB O OLHAR DE UMA MÃE

Até então, não havíamos pago absolutamente nada pelos cuidados que ele oferecia ao meu filho. Naquele instante, entendi que, por mais que ele tivesse dito que queria ajudar, também havia uma questão financeira por trás de suas intenções. Talvez ele não tenha gostado quando deixei claro que não abriria minhas portas para outras pessoas entrarem, como ele gostaria.

Não fomos mal educados, mas começamos a afastá-lo gradualmente de nossas vidas. As desculpas foram surgindo, e, naquela época, começamos a viajar, o que contribuiu ainda mais para o distanciamento. Mas há algo que nunca esqueço: ele previu que eu escreveria um livro.

Certa vez, enquanto ele estava sentado embaixo de uma mangueira no nosso quintal, me disse:

— Algo grandioso vai acontecer na tua vida. Não sei por quem, mas alguém vai escrever sobre a vida do teu filho, e muitos virão ao teu encontro. Mas não esqueça de contar a tua experiência vivida com a espiritualidade.

Confesso que relutei em escrever sobre essa parte da nossa história, mas meu esposo me disse que, se eu não a incluísse no livro, estaria negando algo que realmente vivemos. Espero que este relato seja recebido com leveza, pois é uma experiência que vivemos e não podemos negar.

Capítulo 39

Um grande pastor e seus ensinamentos

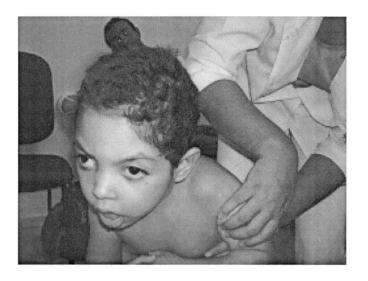

Para recomeçar é preciso deixar para trás aquilo que te fez mal.

Passada essa turbulência, algo aconteceu na minha vida, uma transformação e um entendimento, diante da palavra de DEUS ser semeada e ouvida todas as tardes.

Era uma tarde, ouvi palmas na frente de casa e olhei pela cortina e vi um senhor, não o conhecia, mas algo me dizia para abrir a porta para ele, abri a porta e ele se apresentou, ele era um pastor da igreja batista e me pediu permissão para conversar comigo e eu convidei a entrar.

Ele me perguntou se podia fazer um mês de oração comigo, ele se disponibilizou a ir todos os dias à minha casa, claro que aceitei, a oração estava sempre presente na minha vida.

SOB O OLHAR DE UMA MÃE

Ele me relatou que quando soube do acontecido com João Victor começou a pedir oração em todas as igrejas evangélicas e fizeram vigílias em sua igreja pelo meu filho, até saber que João Victor tinha saído da UTI, fiquei muito grata e disse a ele que no dia que me sentisse bem iria até a igreja dele agradecer pessoalmente a todos.

Quero dizer a vocês que meu esposo e eu sentimos na pele o repúdio de pessoas que se consideravam católicos, por termos visitados igreja evangélicas, mas nossa gratidão ia além de falatórios infundados e de pessoas maldosas, visitamos sim e em nenhuma fomos obrigados a mudar de religião, ao contrário, nos sentimos acolhidos e amados por todos, foram os que mais nos estenderam as mãos.

Somos todos filhos de DEUS perante a igreja e religião não nos define se somos melhores ou piores que os outros, esta é minha opinião.

As visitas eram realmente todos os dias nos finais de tarde, às 16h precisamente, nunca esqueço.

Ele abria sua Bíblia, escolhia uma passagem e lia para mim, conversava, e depois ia embora. Depois de uma semana, algo dentro de mim foi mudando, suas palavras chegavam suave aos meus ouvidos e me alegrava, entendi que me agarrar a DEUS era minha melhor opção.

Temos que passar por muitas turbulências para chegarmos a um grande entendimento.

Um dia senti que talvez a depressão não iria me deixar, que fazia parte de tudo aquilo, a espera por uma vaga para João Victor no Sarah não chegava, eu queria fazer mais pelo meu filho, mas não sabia como, eu dizia DEUS me tira a angústia, os medos, o choro e me deixa pensar, então depois de uma três semanas da visita do pastor, uma tarde, ele chegou às 17h em minha casa, ele me pediu desculpas pelo horário, mas que ele tinha tido outro compromisso e não conseguiu chegar no horário que sempre aparecia, mas que não poderia deixar de me visitar, eu disse que estava tudo bem.

Ele leu uma passagem da Bíblia, que não me recordo agora, conversamos, me deu uma vontade de chorar, mas não chorei, ele me deu um abraço e saiu da minha casa, toda vez que ele saía, eu não ia na porta com ele, sempre ficava sentada no sofá, mas nesse dia eu saí com ele, o sol estava se pondo, estava lindo, vibrante, digno de um quadro, nossa,

131

parece que estou vendo, eu olhei para aquele sol e disse "Senhor, se tu estiver aí, me abraça que talvez o cobertor não esteja me aquecendo do frio", eu comecei a chorar, e continuei dizendo "me tira a angústia, a dor e me deixa viver para cuidar da minha família".

Não havia ninguém na rua, somente as árvores balançando e o vento e aquele pôr do sol, então algo aconteceu comigo, quando virei para entrar me deu vontade de tomar um banho, pentear os cabelos, me arrumar para esperar meu esposo, até coloquei um brinco, coisa que não fazia, eu sempre procurava dormir cedo, mesmo não dormindo, eu fingia dormir para não mostrar meu rosto muitas vezes inchado de tanto chorar, ficar quieta com meus filhos e ele nunca me incomodava, eu sabia que não me mostrar ao meu marido naquele momento era errado, mas era tudo que conseguia fazer.

Algum tempo me senti magoada com ele, porque ele não acreditou em mim quando mais precisei, a depressão sempre nos leva a essas situações, gatilhos nos levam a esse quadro muitas vezes, então olhar para ele e até mesmo falar me voltava naquelas memórias daquela conversa, do virar de costas que ele me deu, sem pelo menos argumentar comigo.

Mas naquele dia mudou, até fiz o jantar, meu filho Lucas ficou feliz, arrumamos a mesa e meu marido chegou mais cedo em casa, parece que tudo foi planejado por DEUS, meu sorriso naquela noite foi sincero e afetuoso, minha noite foi completa, meus filhos dormiram bem, João Victor não teve pesadelo, mas eu não observava uma coisa, eu cuidava muito do João Victor e esquecia que tinha um outro filho ali que queria meu afeto, mas ele não reclamava, nunca reclamou.

Capítulo 40

Uma boa notícia

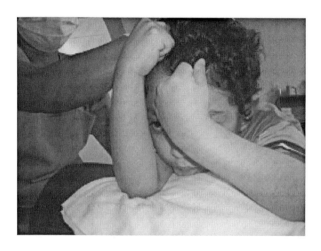

Alegrai-vos, pois o senhor teu Deus te abre portas diante do inesperado.

Então recebemos uma boa notícia, tínhamos conseguido uma vaga no Sarah e já tínhamos data marcada, foi a minha maior alegria.

A empresa custeou tudo e lá fomos nós rumo ao desconhecido, mas feliz, ali havia uma esperança.

As dificuldades enfrentadas com uma criança especial para viajar são muito grandes. João Victor não sentava nem dobrava as pernas, ele tinha sempre que ir deitado, um sentava e apoiava ele, nossa, chegávamos doloridos, mas era a maneira que dava para viajar com ele, fora as inúmeras horas esperando em aeroportos para chegarmos ao nosso destino, mas essas dificuldades eram poucas para nós que esperávamos para termos uma esperança de recuperação mínima que fosse para nosso filho.

Então chegamos ao Sarah e fomos muito bem acolhidos. João Victor fez inúmeros exames, ali tivemos a certeza da dimensão da lesão dele, a hipóxia atingiu áreas do João Victor numa grande proporção, não foi fácil ouvir aquilo tudo.

Eu ainda tinha uma expectativa de que meu filho não tinha tido muitos danos, mas os exames nos mostravam o contrário, nesse momento somente ouvimos, fomos ouvidos e orientados.

Ali conhecemos médicos excelentes, pessoas que realmente se importam com o grau de danos e com nosso sofrimento, aqueles longos corredores foram nossos refúgios naqueles dias, com exames e médicos ao redor de João Victor.

Começaram adaptações com órteses para os membros e medicamentos que ele precisava que o ajudassem a dormir melhor, só o fato de ele deixar de ter os choros constantes e consequentemente os pesadelos que não deixavam ele dormir bem, já era um grande avanço. Mas uma coisa era boa, os exames mostraram que ele tinha uma memória preservada de alguma forma, só não sabia expressar.

Ali foi minha primeira escola, aprendi a manipular alimentação para meu filho, os gotejamentos na sua GTT, quanto era e é importante aquelas pequenas gotinhas no tempo certo, a higienização durante a manipulação dos alimentos que eram passados na GTT, o posicionamento de sentar para receber a alimentação diária e muitas outras coisas relacionadas a cuidados.

Saber da importância de tudo isso para meu filho era muito gratificante, pois tudo era uma prevenção para que ele não tivesse uma nova broncoaspiração e consequentemente uma pneumonia, pois a direção errada de alimentos e saliva pela via respiratória leva a consequências gravíssimas, ainda mais se tratando de pacientes com disfagia, que é o caso do João Victor.

Ali me senti acolhida, mas uma dura realidade me pegou, entramos em uma sala para João Victor tirar moldes para órteses para os braços, pés e quadril, ele não abria as mãos, braços e quadril tudo foi adaptado, colocar roupa no João Victor era uma grande luta, ele não abria as pernas, imagina a dificuldade de higienização, escovar os dentes, então, nem se fala, eu chorava e tinha medo de machucá-lo, não sabia de nada nem tinha alguém para me orientar, tudo foi aprendido ali, mas observei que em nenhum momento foi se falado em estimular a via oral do meu filho, ele tinha disfagia e havia um grande perigo de broncoaspiração, mas eu queria tentar mesmo depois de tudo que ouvi dos médicos e fonoaudiólogos. Depois de tudo isso, fomos direcionados a uma outra sala, onde encontramos crianças com todo tipo de deficiência, eu fiquei sem ação, me deparar com aquela realidade me chocou, vamos se dizer assim.

Olhei pro meu filho e agradecia a DEUS, porque poderia ser pior diante de tudo que via ali. Crianças com graus de deficiência bem graves e muitas delas abandonadas por seus pais, quem estava lá era uma vizinha que era paga por algum familiar para fazer aquela tarefa, uma avó que assumiu a vez da mãe porque abandonou, muitas não tinham dinheiro para comer um lanche, mas mesmo assim estavam lá cuidando daqueles anjos de DEUS, uma triste realidade, via avós com uma idade mais avançada que não tinham muitas vezes paciência, meu coração ficava apertado com aquilo.

Neste dia comecei a cultivar dentro de mim a paciência, era por ele e para ele, meu filho.

Aqui levo comigo meu primeiro aprendizado e que é para minha vida.

Ser mãe nos mostra que não importa o grau de dor e decepção, levantamos a cabeça, mostramos nosso melhor sorriso e vamos porque a estrada é longa, temos muitas vezes de sermos amparadas pela caminhada, mas nada que nos faça desistir, isso é ter um olhar de mãe.

Me tornei mais leve com o passar dos dias, mesmo com muitas turbulências na minha vida não deixei minha fé ser abalada, ao contrário, estava sempre pedindo a Deus direção e força porque a força e a fé me guiavam e me sustentavam.

Naquele lugar de luz que tanto significou para nós, ganhei minha primeira imagem de Nossa Senhora Aparecida, junto de muitos terços. As pessoas que conheciam minha história me presenteavam. Lembro-me especialmente da dona da pousada, um casal muito amigo e companheiro, que não mediam esforços para ajudar quem precisava.

Um dia, ela me chamou e disse:

— Podes me seguir, tenho algo para te dar.

A segui até o seu quarto, onde ela me mostrou seu santuário de devoção. Tirou a imagem de Nossa Senhora Aparecida e me entregou, dizendo:

— Ela é tua proteção e tua força. Nunca esqueça de agradecê-la por tudo, pois com certeza ela foi intercessora junto ao seu Filho, Deus Pai, por teu filho João Victor — fé bonita aquela que me comoveu, gratidão sempre.

A segunda imagem que ganhei foi de minha amiga que me levou de Belém, uma imagem de Nossa Senhora de Fátima, a mãe do melhor amigo do meu filho Lucas. Com todas as imagens que recebi ao longo do tempo, montei um altar, que até hoje é repleto de muitas delas. Guardo todas com muito amor e devoção, e as levo comigo para onde quer que eu vá.

Depois de uma semana voltamos para casa, João Victor continuava sua rotina, fisioterapia intensa, de segunda a sábado, a espasticidade era muito severa nele, quando voltamos nos deparamos com uma surpresa, a empresa mandou comprar uma cadeira de rodas para João Victor, tudo sobre medida, órteses, cadeira de banho, bolas de fisioterapia, cavalo suspenso, tudo que não tinha no hospital e que ele precisava.

Conseguimos construir uma pequena piscina em casa para João Victor fazer hidroterapia, com ajuda de um grande amigo nosso, ele usa uma GTT, então não podia ter contato com água de uma piscina onde outras pessoas usavam, tem risco de infecção.

A conheci no meu pior momento com João Victor, no tempo de uma espasticidade bem severa, nosso retorno de Belém.

Ela, uma fisioterapeuta jovem, Regiane Ribeiro, que recebeu meu filho com todo seu amor e profissionalismo, estava sempre disposta a ajudar João Victor, a ideia da hidroterapia veio dela e não medimos esforços para cumprir aquela ideia que iria ajudar nosso filho a passar por aquela grande tensão muscular, ela estava em nossa casa para fazer com ele os exercícios nos finais de tarde e os dias que ela não ia, eu estava lá com ele e seu irmão Lucas para darmos continuidade, que aos poucos fui aprendendo com ela.

Nunca percebi um olhar diferente dela para meu filho, ela sempre atendia ele com um grande sorriso no rosto e a mim como pessoa me ajudou muito, tinha dias que chegava sem ânimo para nada e ela estava lá me oferecendo um exercício para me ajudar na rotina do dia a dia. Às vezes chorava em ver João Victor naqueles exercícios doloridos, mas que eram necessários para ele. A passagem dela pela nossa vida foi de amor, compreensão e uma amizade que levo para o resto da minha vida.

Aqui uma grande amizade também que passou pela nossa vida, a fonoaudióloga, que era somente de audiometria, foi destinada a Belém para fazer um pequeno curso na área que João Victor precisava, ela tinha uma filha na idade do Lucas, que o ajudou a ter uma amiga para ele não ficar tão só quando viajava. Eles tinham uma coisa em comum, gostavam de cachorro, e isso uniu essa amizade. Gratidão por ter permitido meu filho a compartilhar seu dia com vocês, enquanto estava ausente, as lembranças dele são de felicidades desta época.

Tudo ia se ajustando, meu esposo não poderia mais viajar conosco, ele tinha que trabalhar, então, tudo parecia dificultar de novo, um dia minha cunhada retornou para casa e me disse, eu vou te acompanhar e assim seguimos, nós três naquela caminhada.

Eu tenho uma gratidão enorme por ela, meus filhos sempre tiveram um amor muito grande por ela, ela veio bem jovem, não tinha mais mãe para orientá-la, assim mesmo a admirei, ela tinha um propósito nem a distância fez ela desistir de seus sonhos.

Ela compartilhou muitas coisas junto comigo, são inúmeras lembranças, que sempre que conversamos nos deparamos nas lembranças.

Que a gratidão seja sempre a palavra que saía da minha boca por ela e por todas as pessoas que passaram por nossas vidas.

Capítulo 41

Aprendizado e um olhar de mãe

*Deus te mostra o caminho a seguir,
cabe a você escolher a direção.*

Com o passar dos tempos percebi algo: DEUS coloca as pessoas no nosso caminho, elas vêm, fazem o que tem que fazer e se vão, muitas me deixaram muitos aprendizados que carrego comigo até hoje, outras ficaram e continuam comigo até hoje.

SOB O OLHAR DE UMA MÃE

Então, nossa jornada continuava, nosso segundo retorno teve altos e baixos, sabe o que é você não ter quase nada de conforto, assim foi, aprendemos a comer comida regional que não era ruim, nos fins de semana não havia restaurantes abertos, então tínhamos que pedir as colegas de quartos vizinhos para esquentar água para nós e assim poderíamos comer sopa instantânea.

Com João Victor era diferente, a dele era industrializada, então não tinha como dar errado, água nem sempre tinha nos chuveiros, a região é muito quente, já imaginou um calor e você não ter como tomar banho, não tinha o que fazer, o Hospital Sarah fica no subúrbio, era tudo mais complicado, tinha pessoas que moravam ali naqueles pequenos apartamentos, pois os seus tratamentos eram de meses e não retornavam para casa tão cedo, mas as dificuldades não me abatia, sempre pensava que no próximo retorno seria bem melhor.

Ficamos retornando com João Victor, voltamos três ou quatro vezes, não me recordo agora. Comecei a observar que o Sarah, apesar de ser uma grande rede hospitalar e com muitos apoios, não era pro meu filho, tudo que aprendi ali foi válido até hoje, mas o que me passavam lá era aceitar meu filho do jeito que estava, ouvia médicos me dizerem que João Victor não teria nenhum tipo de avanço, mas eu sabia que meu filho teria, algo no meu coração me indicava que ainda não era lá nem o momento de parar, e assim se cumpriu, no terceiro retorno do Sarah para casa me deparei com um inesperado.

Comecei a pensar que em alguma ocasião minha cunhada precisaria seguir a vida dela também, não poderia ficar o tempo todo conosco e isso começou a me preocupar, mas lá estávamos perto de uma solução que Deus já tinha preparado, mas eu ainda não sabia.

Eu estava indo ao hospital fazer uma consulta, com a espasticidade do João Victor, algumas lesões me foram causadas, como tendinite e bursite no ombro direito, eram viagens longas e segurar uma criança espástica não é fácil, há um peso extremo.

Nesse período passei um tempo fazendo infiltração com medicamentos para aliviar as dores e continuar a rotina com João Victor, não tinha outra solução.

139

Eu precisava melhorar e continuar a nossa jornada, não tinha outro alguém, era eu e eu mesma, quando Rubens não trabalhava aos sábados, ele acompanhava, mas era muito pouco os sábados que ele se encontrava em casa, então....

Desistir no primeiro obstáculo não faz de você um vencedor.

Fui abordada no corredor do hospital por uma pessoa que nos conhecia e sabia da minha procura de tratamento para meu filho.

Ela começou me dizendo que tinha chegado ao hospital naquela manhã um neurologista, que tinha vindo de Roraima, que era um excelente profissional e que iria ficar poucos dias.

Onde morávamos, a maioria dos médicos especialistas vinha de cidades próximas, passavam dois, três dias ou uma semana, cumpriam suas agendas e iam embora, era normal para nós, moradores do local.

Ela me disse:

— Já marquei uma hora para você conversar com ele. Inclusive, contei a história do João Victor, e ele quer te conhecer.

Eu não tinha nada a perder, me agarrava em tudo, estava sempre na busca, sabia que meu filho talvez não voltasse a andar, falar, ser normal, mas eu queria que ele tivesse uma qualidade de vida melhor possível, era o que poderia fazer para ele neste mundo.

Entrei na sala e fui bem recebida. Além do que ele já sabia, relatei as dificuldades que João Victor estava enfrentando. Ele me olhou e disse:

— Temos um tratamento que acabou de chegar ao Brasil. Está sendo implantada em Manaus, no Amazonas, dentro do Hospital Beneficente Portuguesa. Trata-se da "oxigenoterapia". Eles têm uma cápsula lá.

Então, ele explicou:

— O paciente fica na cápsula, respirando oxigênio por um tempo determinado pelo médico, com o objetivo de oxigenar as áreas afetadas e estimulá-las, despertando funções que possam ter sido perdidas.

Ele mencionou que já havia um paciente na fase experimental do tratamento, uma criança de 1 ano e poucos meses, cuja história era bem parecida com a de João Victor, com a diferença de que essa criança havia se afogado em uma piscina. Embora tenha sido socorrida, as sequelas permaneceram, e ela estava lá fazendo as sessões de oxigenoterapia.

Ele me aconselhou a pensar sobre o assunto, acreditando que João Victor teria uma boa resposta ao tratamento.

Meu filho João Victor saiu com muitas contraturas depois do coma, não nos pediram acessórios ortopédicos para ele na época, só fomos saber dessa intervenção depois que ele saiu, mas já tinha um grande comprometimento em seus membros, mas assim mesmo continuamos fazendo o que ainda se podia por ele, aqui eu vi como um erro médico, porque pelo diagnóstico do João Victor, o neurologista principalmente sabia que tudo isso iria acontecer com meu filho, mas não recebemos nem um pedido ou um alerta para prevenir meu filho de tudo aquilo, ele poderia sim ter evitado deformidades principalmente nos pés e mãos do meu pequeno.

Começamos uma nova batalha, nada que vinha para meu filho era fácil, às vezes me deparava em conversas com DEUS e perguntava:

— Senhor, por que tantas pedras nos meus caminhos e no caminho do meu filho? Por que não podem ser menores? Muitas vezes, são tão grandes que é difícil removê-las, e quando tropeço, a dor é intensa.

Quem nunca parou para olhar para o céu e conversar com Deus? Fiz isso muitas vezes e ainda faço. Isso me faz sentir mais leve.

Agarrei-me àquela esperança, às palavras que recebi dentro daquele consultório. Via ali uma possibilidade maior para meu filho. Conversei com meu esposo, e ele me perguntou se eu estava preparada para enfrentar mais dificuldades.

— Não sei — respondi — só sei que quero tentar.

E assim, lá fomos nós, determinados a tentar mudar o tratamento de João Victor.

Me deparei com mais um obstáculo. Marcamos uma hora com a pessoa responsável pelo agendamento do tratamento que João Victor fazia, era uma espécie de triagem, depois iria para aprovação junto às pessoas responsáveis.

Eu não a conhecia pessoalmente, somente por nome, mas ouvia relatos de pessoas que tinham uma certa mágoa por ela dificultar um pouco os tratamentos que eram destinados fora da cidade. Mas isso não me intimidou, eu fui com uma fé tão grande naquele dia, mas não saiu como o esperado, digo em relação a essa pessoa, ao relatar a nossa vontade de trocar o tratamento do João Victor, a pessoa não gostou muito, ela nos disse que ele já estava com um tratamento que era considerado um dos melhores para ele, nos relatou a dificuldade que foi conseguir uma vaga para isso, eu sabia disso, nunca menosprezei o esforço de ninguém que ajudava meu filho, mas uma coisa me tocou quando ela disse:

— Ser mãe de uma criança especial não é fácil, vocês não são os primeiros que conheço, um dia tu vai te sentir cansada e vai ter vontade de dar umas palmadas e outras você vai abraçar, viver no limite faz parte, agradeça porque abraçaram a causa de vocês e pode ter certeza, ele está no tratamento correto.

A acolhida que achei que fosse achar ali me frustrou com aquelas palavras ouvidas, mas ela continuou falando para nos convencer de que aquilo tudo era o melhor para meu anjo, então, a pessoa me olhou e disse:

— Vocês esperam um milagre, talvez ele nem exista, dizem por aí que Jesus ressuscitou um homem, quem nos garante que foi verdade, vocês estavam lá, eu não estava lá.

Aquilo me gerou um turbilhão de sentimentos, essa pessoa estava mexendo com a minha fé, aquilo que me sustentava e me guiava em todos os meus caminhos, não eram justas aquelas palavras.

Confesso que carreguei mágoa dessa pessoa, mas com o tempo me veio o entendimento de que ela seria mais uma daquelas "pedras" colocadas no nosso caminho, mas que não era uma tão gigante assim, dava para atravessá-la sem tropeços, danos ou ferimentos.

Ela deixou claro que não conseguiríamos, nos convidou com educação a nos retirar de sua sala.

Meu esposo me deixou em um longo corredor. Era a primeira vez que eu estava ali e não conhecia o local. Ele voltou ao trabalho, e eu pensei: "Será que ele realmente desistiu? Ele nem olhou para trás". Mas logo me corrigi: "Essa não sou eu. Não lutei tanto para aceitar um primeiro 'não' e sair de cabeça baixa". Isso é uma lição para a vida:

Nunca desista no primeiro "não". Tente outras vezes, porque Deus nos testa o tempo todo, e desistir no primeiro obstáculo não faz de ninguém um vencedor.

Encostei-me na parede, com as lágrimas quase caindo dos meus olhos. Levantei a cabeça e vi uma moça vindo em minha direção. Ela me perguntou se eu precisava de ajuda, e respondi que sim. Então, perguntei:

— Onde fica a sala do gerente? — ela me apontou a porta e disse:

— Ele acabou de sair de uma reunião.

Sabendo que ele estava em sua sala, bati na porta, e ele mandou que eu entrasse. Já o conhecia, e ele perguntou como estava a família e em que poderia me ajudar. Relatei a ele meu desejo de trocar o tratamento de João Victor, compartilhando a esperança que tinha nesse novo tratamento. Expliquei:

— Só quero o tratamento e o transporte. Estadia não é necessária, meus pais moram em Manaus, e ficarei com eles.

Quando ele ia falar algo, a mesma pessoa que já havia nos ditos "não" entrou na sala. Ela me olhou de forma reprovadora e foi logo dizendo:

— Já disse a ela que não será possível, ele — ela se referiu ao meu filho — está com o melhor tratamento que existe.

Então, o gerente se virou para ela e respondeu:

— Se a mãe está dizendo que onde ele está não está tendo resultado, então pegue os papéis, veja esse outro tratamento e mande os detalhes para a mesa de aprovação — ela ficou calada, concordou com a cabeça e saiu da sala.

Uma lágrima escapou dos meus olhos, e ele me disse:

— Só não te digo que o tratamento é dele porque precisa da aprovação dos outros diretores.

De alguma forma, eu sabia que ia dar certo. A esperança renasceu no meu coração. Esse gerente tinha uma história de fé e superação com seu próprio filho, que ele compartilhou conosco quando foi nos ver no hospital, enquanto meu filho esperava a UTI móvel.

As pessoas passam pela nossa vida com um propósito, elas vêm, fazem o que lhes foi destinado e se vão, mas te deixam marcas que nunca serão esquecidas, sejam elas de modo positivo ou negativo. Às vezes uma única palavra te ajuda a seguir e te motivar, mas tem algumas que se você deixar te jogam para baixo.

Eu não era a perfeição de mãe, mas a vivência com as dificuldades me mostrou que desistir não era meu perfil, ser obstinada e persistente me ajudava a não cair e esperar sentada não fazia parte da minha personalidade.

Aqui me veio um grande entendimento, pois quando fiquei naquele corredor encostada naquela parede, algo dentro de mim me dizia que não seria a hora de desistir, quando as dificuldades me apareciam eu sempre me lembrava dos momentos de desespero do meu filho, de tê-lo carregado quase morto em meus braços e não desistir, correria com ele nos meus braços senão tivesse alguém ali para me ajudar, porque eu deixaria uma pessoa como aquela acabar com a minha esperança e minha fé, eu sentia que lá na frente viria um grande resultado que levaria mais esperança ao meu filho e a todos nós.

Não demorou tanto para irmos rumo ao novo tratamento, fomos aprovados para o novo tratamento.

Todos aqueles anjos enviados por DEUS aprovaram o tratamento do meu filho, chorei muito quando recebi o resultado, ah a esperança mais uma vez nos rodeava e nos abraçava de uma certa forma e nos confortava.

Lutar sempre, desistir, jamais.

Capítulo 42

Novos horizontes e uma longa caminhada

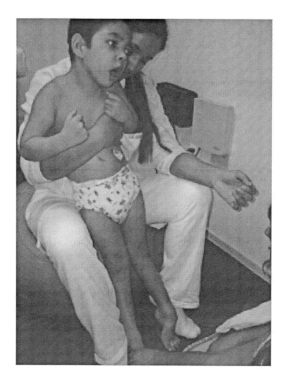

*O caminho a seguir nos mostra
um lindo horizonte resplandecente.*

    Buscamos muitos caminhos para ajudar João Victor na área espiritual, vários, alguns tiveram efeitos positivos, outros nos geraram dor e mais sofrimento porque nem sempre encontramos pessoas honestas em nossos caminhos.

Nunca parei para blasfemar contra Deus, mas eu buscava respostas para tudo aquilo, eu não acreditava que meu filho tão pequeno, que tinha uma alegria de viver muito grande, um futuro pela frente, tinha tido a ideia de se enforcar, não, isso ninguém coloca no meu coração, até hoje não achei totalmente a resposta, mas achei uma maneira de lidar com a dor, que foi viver com ele e para ele, buscando o que estava ao meu alcance para ajudá-lo nessa caminhada que me foi imposta.

Estudar o espiritismo me ajudou muito, acalmei meu coração e renovei minha fé, comecei a viver e entender que estamos designados a muitas coisas quando viemos para este mundo.

As madrugadas eram a melhor hora de meditar para meu espírito aguentar tudo e me trazer entendimento para tudo que acontecia ao meu redor, mas meu grande pulo espiritual foi vivido depois que fomos para Manaus.

Então partimos para Manaus, nosso primeiro encontro com a oxigenoterapia, me sentia ansiosa para o novo tratamento.

Nessa fase, eram somente ele e eu, não tínhamos mais acompanhantes, uma hora todo mundo toma seu rumo, é a lei da vida, é literalmente dizer "vida que segue", mas em Manaus eu teria apoio, minhas irmãs, pai e mãe, seria diferente, a acolhida seria melhor, lá eu poderia tomar um banho demorado e lavar o cabelo, elas estavam lá para dar um colo para João Victor, aprenderam a entender a rotina dele para me ajudar, eu tinha tantas olheiras que às vezes não me dava vontade de me olhar no espelho, a vaidade que sempre tive morreu de uma certa forma, meu esposo não estava lá, ele parecia não se importar, foi até fácil para mim passar por tudo isso, ouvi algumas pessoas ao meu redor dizer "nossa, tu envelheceu muito" então para que me arrumar, cortei os cabelos, porque a rotina era tão cansativa que às vezes só dava tempo de amarrar o cabelo e nada mais.

Minha mãe morava em um bairro bem distante do centro da cidade, onde ficava o hospital que seria o tratamento do João Victor.

Aqui começamos uma jornada dura, começando por essa distância, mas isso não seria nosso obstáculo.

Então chegamos ao tão esperado lugar, fomos atendidos pelo médico hiperbarista, ele, muito jovem, mas muito receptivo, me explicou

SOB O OLHAR DE UMA MÃE

a função da oxigenoterapia e aqueceu meu coração, a hiperbárica lá era muito usada em pacientes com problemas diabéticos, para cicatrização de feridas, se viam muitos idosos, mas também eram atendidos muitos pacientes que faziam por estética.

Ali foi traçado e montado um esquema para João Victor que era oxigená-lo e em seguida a fisioterapia intensiva, como iria ser feito isso, não dava para sair da hiperbárica e ir para a clínica de fisioterapia, então foi cedido o corredor da sala onde ficava a hiperbárica, ali mesmo montamos uma fisioterapia improvisada com a fisioterapeuta, Maíra Tupinambá, o anjo que abraçou a causa do meu filho, todos os dias ela vinha com suas bolas, seu tatame e o que precisasse, ela sempre estava disposta e muito solícita.

Ali, meu filho renasceu de certa forma, a primeira sessão me apavorou, deixar ele trancado dentro de uma cápsula e que ela não pode ser aberta antes do tempo estipulado me gerou medo.

Nessa fase João Victor tinha uns espasmos e muitas vezes davam muito fortes nele, ficava pensando e se der dentro da cápsula, não poderei fazer nada, ninguém pode, somente depois da despressurização.

Eu ficava sempre por perto, mas com o coração apertado, João Victor era muito espástico, não rolava nada desse tipo, nas mãos tinham que ser usados rolinhos macios para tentar abrir e não machucar, os braços não abriam, cervical não segurava, coluna não dobrava, pernas totalmente fechadas, usava travesseiros para não machucar os ossos dos joelhos e luxar.

Eu me perguntava se iria dar certo, talvez tenha colocado muita expectativa e senão desse certo, vou me frustrar mais uma vez e sofrer, porque sofremos com o fracasso de algo que se coloca tanta expectativa.

As respostas vinham aos poucos e lentas, mas estavam vindo, isso era uma boa resposta.

Um dia, o pai do hiperbarista, que era um grande cirurgião bariátrico, entrou na sala e me viu sentada na cadeira observando João Victor, olhou para mim e perguntou se eu tinha medo, disse para ele que sim, então ele abriu uma gaveta e me deu um artigo que tinha saído nos EUA, falando dos benefícios da oxigenoterapia e me disse que se eu tivesse levado meu filho pelo menos um mês após o acidente, as respostas teriam sido bem melhores, mas nada que aquele tempo não pudesse ajudar, me alegrou suas palavras.

Em uma das sessões João Victor chorou, olha que alegria, tinham lágrimas, por que alegria? Porque até as lágrimas ele tinha perdido, para estimular era colírio de hora em hora e fazer movimentos para ajudar ele a piscar para não ter danos ocular, a felicidade não cabia no meu peito, cada conquista alcançada queria gritar ao mundo, meu filho conseguiu, ali todos torciam por ele.

Tudo foi acontecendo, o dia em que ele rolou a primeira vez dentro da cápsula, céus, foi um grande sorriso para todo mundo, ali todos ficaram sabendo da história do João Victor, cada um torcia pelo meu filho e sempre estavam perguntando da evolução dele, meu filho era querido por todos.

Outro feito maravilhoso: meu filho sorriu. Sabe o que é ver o sorriso no rosto do meu anjo, não tem preço.

A fisioterapia vinha dando muito resultado junto à oxigenoterapia, as pernas começaram a dobrar, ele já começava a ficar mais sentado na bola e as pernas começaram a abrir, trocar e fazer limpeza no João Victor era complicado, duas pessoas para ajudar.

Ele foi liberado para a equoterapia, mas uma jornada começava na nossa vida, eu passava o dia todo fora com ele, a rotina era fisioterapia e oxigenoterapia, fonoaudiologia e equoterapia, eu não parava, fica de três a seis meses com João Victor em Manaus, meu filho Lucas ficava com meu esposo na cidade onde morávamos, quando voltava era somente um mês no máximo e retornava de novo para o tratamento intensivo, mas João Victor não parava, em casa ele continuava a fisioterapia, hidroterapia e a fonoaudiologia.

Não tinha tempo para pensar no cansaço, mas as melhoras estavam aparecendo, eu chorava muitas vezes com ele porque vendo a fisioterapia forçar os seus músculos, principalmente pés e joelhos, para ele era uma dor imensa, nós, mães, não estamos preparadas para ver o sofrimento dos nossos filhos, pelo menos eu não estava, muitas vezes saía da sala e sentava no corredor.

Com a junção da fisioterapia, oxigenoterapia e equoterapia, João Victor adquiriu o controle cervical, nesse meio, ele passou por algumas cirurgias espirituais, minha prima, uma grande médium espiritual, auxiliou João Victor, ela que me ligou e que me disse que meu filho somente dormia naquela UTI.

Eu não queria acreditar que João Victor em cima de um cavalo ia ter resultado, mas me lembro de alguém ter me falado dos feitos incríveis que a equoterapia fazia, não só com crianças como meu filho, mas em outras patologias. Então resolvi levá-lo para esse novo experimento. Ela, Jackelini Resende, equoterapeuta e fisioterapeuta, nos recebeu com todo seu amor, ela tinha um olhar doce e muito carinhosa, um grande cuidado com meu filho quando estava em cima daquele cavalo, com persistência e disciplina meu filho foi ganhando controle e forças na coluna e cervical e junto à fisioterapia e oxigenoterapia os resultados foram aparecendo. Grata, Jack, seu amor e dedicação ajudaram muito, meu príncipe guerreiro.

Aqui começou uma caminhada e aprendizados que nunca irei esquecer, que me trouxeram memórias de uma vida passada, mas que foram necessários para meu crescimento espiritual.

João Victor passou o tempo necessário na oxigenoterapia, depois ele tinha que ter um espaço, ele já tinha alcançado muitas melhoras, só não poderia deixar as terapias que envolviam a parte motora.

Então, não tinha mais como retornar com ele para o lugar onde morávamos, eu teria que encontrar uma solução para tudo isso neste momento.

Aqui iriamos começar mais uma batalha de vida.

Capítulo 43

Momentos vividos e um grande aprendizado pessoal

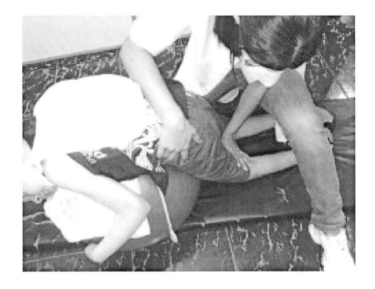

Abrace o teu próximo como a ti mesmo.

Em Manaus, tínhamos um suporte de uma equipe multidisciplinar, aí comecei mais uma briga, vamos se dizer assim, os melhores profissionais estavam dentro do SUS, então fui a busca.

Deus sempre colocou pessoas boas no meu caminho, e eu não tinha vergonha para pedir ajuda nem bater na porta de quem precisasse para ajudar meu filho, foi assim que fomos parar em um grande hospital de Manaus, que era referência de médicos, e um deles era o ortopedista, nessa época a resposta do "Botox" era muito promissora, mas para conseguir uma vaga com ele tinha que dormir na fila, ah,

SOB O OLHAR DE UMA MÃE

quantas vezes dormi nas filas e passei as madrugadas, perdi as contas, minhas irmãs ficavam com João Victor e eu ia com meu cunhado, ele ia de bom coração comigo, as fichas eram poucas e muitas pessoas que procuravam o tratamento com o médico, ele era especialista na área de paralisia cerebral, nós tínhamos plano de saúde, mas o melhor estava lá no SUS, então eu fazia o pedido do "Botox" dentro do nosso plano e levava para ser aplicado dentro do consultório do médico que atendia no hospital do SUS, isso ajudou muito meu filho, melhorou consideravelmente a espasticidade que ele tinha, mas ali também foi outra dura realidade para mim.

As famílias vinham de lugares muito distantes para o tratamento, chegavam na madrugada e ficavam ali o dia todo muitas vezes, lembro-me de uma situação vivida nesse lugar. Um dia chegamos para mais uma jornada com João Victor, minha irmã e eu esperávamos pelo médico quando nos aproximamos de uma senhora com uma criança com necessidade especial, a criança chorava muito, tinha um desespero na sua voz de cortar o coração, depois do acidente do João Victor me tornei uma pessoa mais emotiva, mas sempre gostei de ajudar as pessoas, e onde ia ou parava, sempre fazia amizade e procurava ajudar da melhor maneira possível, o que estava dentro do meu alcance, minha irmã sentou do outro lado (era um corredor bem grande) com João Victor, que estava na sua cadeira de rodas, ela me disse vou sentar aqui com ele para não se assustar com o choro, João Victor tinha espasmos por qualquer coisa, principalmente por barulhos altos, então sempre evitávamos, balancei a cabeça concordando, mas não deixei de olhar aquela cena, a mãe já irritada com aquela criança, aquilo me deixou intrigada, estava com alguma dor, sei lá, se estivesse, deveríamos chamar alguém, um médico talvez, uma enfermeira.

Então fui para outro lado onde estavam essa mãe e a criança, uma menina, nossa, as lembranças vêm como flash na memória, me aproximei e perguntei: "mãe, ela está com alguma dor, posso ajudar?" ela me respondeu "não, ela está com fome, saímos de casa à meia-noite e chegamos aqui às 6 horas da manhã, eu só tinha 1 real e comprei lanche para ela, agora não tenho mais, ela não entende isso". Oh, meu Deus, como uma criança com paralisia cerebral vai entender isso, nem uma criança sem deficiência não entenderia, não tem como, mas entendo que para uma família com uma criança em qualquer patologia que seja tem as suas dificuldades, eu mesma passei com meu João Victor, eu sempre agradeci a Deus por uma coisa, ele permitiu que João Victor viesse em uma família com uma condição financeira razoável, mas sabe quantas vezes deixamos de comprar algo que queríamos, muitas vezes, porque a gente sempre sentava para conversar meu esposo e eu, colocamos em um caderno os custos com João Victor, ele estava no topo do caderno, depois dele, o Lucas era nossa prioridade e assim era nossa divisão, uma coisa que sempre admirei foi a questão do Lucas, ele sempre se preocupava com seu irmão, muitas vezes ele queria algo, ele chegava para nós e perguntava, mãe e pai, já compraram as coisas do João Victor? Nós respondíamos a ele de sim ou não, então ele dizia tá bom, eu perguntava, o que você queria? ele dizia, mas ele sempre falava, mas só quero se o João Victor já tiver todas as coisas dele certinho, ele nunca foi um menino egoísta nem reclamava de nada, quando nosso padrão financeiro caiu, ele foi muito afetado, já estava acostumado com um padrão de vida, sempre digo que chegamos no fundo do poço, achei que dali nós não sairíamos, mas Deus tinha um propósito para nós e aos poucos fomos levantando, ele sempre nos mostrava o caminho.

Eu sempre andava com lanches para João Victor, pois sabia que a espera era longa, ali todos eram prioridade, não tinha como reclamar, abri a bolsa térmica do João Victor e retirei uma garrafinha de iogurte e dei para aquela criança, minha irmã me disse "ei, não vai deixar João Victor com fome", disse para ela: "podemos ir lá no restaurante da frente e comprar um suco para ele", tinha solução, só queria ver aquela criança se alimentar e parar aquele choro que cortava o coração e era fome, meu Deus, a mãe me disse: "não consigo trocar a fralda dela, me disseram que aqui não tem lugar e o ônibus não ficou parado ai na frente, porque não podia", elas tinham vindo de uma cidade vizinha, bem longe, me levantei e disse para ela "vou achar, fica ai dando lanche para ela", fui até uma sala que dizia "atendimento", bati e me veio uma senhora, ela me perguntou o que precisava, disse uma sala com um trocador, um banco algo que uma mãe possa trocar uma criança que tem necessidades especiais e está aqui desde as 6 horas da manhã, ela me olhou e me perguntou "é para seu filho? mas vejo ele está sentado e dormindo na cadeira", disse "não é para meu filho e sim para uma criança que conheci ali na fila", ela me disse "a mãe veio aqui, mas foi tão arrogante que nem dei atenção", eu disse "por que você não releva, ela saiu na madrugada da sua casa, deve estar cansada, com fome, sem dormir e ainda ter uma tarefa tão grande como cuidar de uma criança especial, não é fácil", ela me fitou bem nos olhos e me disse "por você irei ajudar", ela entrou, me deu uma chave e no final do corredor tinha uma sala com as portas largas, tinha um banheiro, chamei a mãe e lá foi ela levar sua filha para trocar e ainda conseguiu dar um banho, a calmaria no rosto daquela criança me comoveu, não existe propósito maior na vida do que sermos humildes o suficiente quando precisamos de alguém, sempre consegui tudo que estava ao meu alcance para meu filho, muitas das vezes engoli o que me machucava, mas era por uma boa causa e para meu filho. Tirei para minha vida muitos aprendizados, a humildade foi uma delas, compreensão e uma muito importante, a paciência não tinha, meu filho João Victor veio me ensinar que ser paciente é uma virtude, ter controle emocional e esperar que tudo tem seu tempo (esse aqui ainda cultivo, eu quando quero algo eu não paro, os obstáculos para mim são uma questão para ser superada).

Então pedi a minha irmã "vai lá na frente e compra um café para essa mãe, sabe quanta fome ela também não deve sentir, e traga biscoito para ela dar a essa criança até partirem", ela virou-se para mim e disse "ei, vai ter dinheiro para voltarmos ou vamos a pé empurrando a cadeira do João Victor", nesse dia, estávamos sem motorista, eu só usava o motorista quando João Victor ia para hiperbárica, esse era o contrato, não que eles me questionavam sabe, mas era justo, foi minha palavra, as consultas particulares do João Victor eram custeadas pelo meu esposo e minha família quando tinha alguém disponível iam nos auxiliar.

Meu esposo me disse um dia, nossa tu vais pro SUS e volta sem nada, o que acontece por lá, comecei a rir, ajudar as pessoas me fazia bem, me via ali naquela situação, já tinha enfrentado dificuldades muitas vezes também e Rubens, meu esposo, sempre foi e é uma pessoa muito generosa, não me questionava, ele me dizia, te faz bem, então faz, sempre me deu essa liberdade.

O que mais me deixou triste e pensativa foi uma outra cena que presenciei nesse mesmo lugar, cheguei com João Victor e nos acomodamos no imenso corredor em cadeiras, observei que tinha muitas crianças mais na frente, eram mães esperando por consulta naquela manhã, ouvi uma pessoa falando alto e alterada, perguntei a uma moça quem atendia nessa sala, ela disse uma nutricionista, aquela profissional falava em um tom de gritos com aquela mãe, não tinha como não ouvir, além de as salas serem próximas, a porta estava aberta, ela dizia a mãe "por favor, quando você vier trazer seu filho para mim, deem pelo menos um banho nesse menino, não sou obrigada a sentir cheiro de xixi", nossa, me senti dolorida por dentro por aquela mãe, aquela profissional não se preocupou em saber por que aquela criança estava daquele jeito, o que realmente se passava com aquela família, a mãe saiu envergonhada daquela sala, ela sentou do meu lado, a criança chorava, ela me olhou e me disse "preciso ir ao banheiro, mas como vou deixar ele", disse para ela "me dê aqui seu filho e vá", "não vou fugir com ele", respondi, "olha ali o meu filho João Victor, não tenho como fugir com duas crianças", ela deu um sorriso, mas me disse "ele está sujo, viemos no ônibus ontem, estou aqui desde então, temos um dia que não tomamos banho, não conhecemos ninguém aqui, dormimos aqui na frente por conta dessa consulta, ele precisava ganhar peso", eu disse "tudo bem, vá lá, não me importo em carregar teu filho só porque ele não tomou banho", ainda indiquei a médica que acompanhava João Victor para ela, que era de lá mesmo, ela era nutróloga e gastro, sempre me preocupava em adequar a alimentação do meu filho para ele não perder muito peso, mesmo porque ele usava a GTT, nem todo alimento poderia ser ofertado ali.

Devemos sempre olhar nosso próximo com o mesmo olhar que queremos receber de alguém, aquele olhar de amor que um dia DEUS nos olhou quando deu seu filho JESUS CRISTO para sofrer por nós diante de muitos obstáculos aqui na terra.

Capítulo 44

Uma nova jornada e um conhecimento espiritual

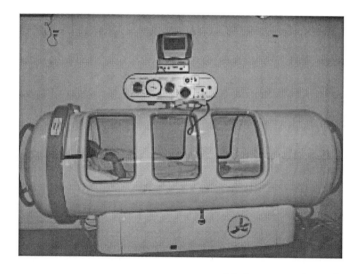

Na hora certa, Deus faz acontecer.

Depois que João Victor finalizou as sessões de hiperbárica, ele continuou somente na fisioterapia intensiva, então eu me direcionava para outro lugar, o consultório direto da fisioterapeuta, ali começou uma nova jornada, depois não tinha mais ninguém para me acompanhar, mas estava tudo bem, o motorista me auxiliava, virou um amigo querido, ele estava sempre disposto para nós, aprendeu a montar a cadeira do João Victor para me ajudar, carregava a bolsa e assim íamos. O mais legal era que amava suas risadas, grata a esse homem que ficou conosco mais de dois anos. O cansaço tomava conta do meu corpo e muitas vezes ignorava isso, eu chegava tão cansada no consultório, me encostava e queria dormir.

Maíra era sempre gentil, ela percebeu, e começou a colocar uns tapetes no chão, João Victor ficava uma hora com ela na fisioterapia, e naquele tempo ela me dizia, deita e dorme deixa que cuido dele, e assim fazia, eu não tive um tempo para parar e descansar, nem pensava muito nisso, queria ver meu filho com alguma qualidade de vida, sabe, os médicos sempre me diziam "teu filho é um milagre, mas talvez ele não viva muito tempo, crianças como ele não chegam aos 15 anos de idade", mas os cuidados com João Victor eram sempre redobrados, acham que aquilo me deixava para baixo, não, jamais, deixava eles falarem, e dizia no meu coração, somente Deus sabe da resposta e ninguém mais.

A amizade foi crescendo entre mim e Maíra, ela começou a me falar sobre espiritismo, algo ali fazia sentido para mim, eu cresci ouvindo de minha mãe que "espiritismo" era coisa do demônio, aquilo era construído dentro de mim, mas a forma como ela falava me despertava curiosidade, a fala dela chegava em mim de uma forma boa, muitas vezes me tirando o peso daquela culpa que carregava dentro de mim, me mostrava que a evolução espiritual minha e do João Victor era uma necessidade para atravessarmos aquele imenso desespero que eu carregava nas costas e no coração.

A sua mãe, uma senhora muito gentil, nos abraçou como se fosse de sua família, sempre fazia suas famosas tortas de Ovomaltine, me sentia acolhida, eu precisava de todo aquele amor, porque eu me dediquei ao João Victor e me deixei de lado, até mesmo das amizades, então ser acolhida dentro daquela família foi me sentir viva e amada de uma certa forma.

Maíra me falou do centro espírita que frequentava com sua família, ela perdeu o pai em um acidente e o espiritismo ajudou muito sua família a passar por aquela dor da perda.

Era tudo muito novo para mim, mas não disse não às suas palavras, fiquei reflexiva a tudo que escutava e respeitava tudo que vinha dela.

Nessa fase não conseguia mais voltar para casa, onde estavam meu filho e esposo. Horas de voo me deixavam mais doente, nesse período enfrentava ainda os resquícios da depressão, não era como no começo, mas ainda tinham coisas que me geravam gatilhos e eu voltava para lá mais uma vez.

João Victor me motivava a enfrentar tudo isso, não queria mais voltar para aquele lugar, ali tudo me lembrava dele, a infância, os dias de alegria, as pessoas não entendiam que eu não queria falar sobre o assunto, elas me abordavam na rua e queriam que eu relatasse tudo que passei com ele, comecei a criar sentimentos de raiva, não suportava os olhares que eram direcionado ao meu filho, sabe aquele olhar de pena, não queria aqueles olhares para ele, muitas vezes fechava os olhos, respirava bem fundo para não ser mal educada, mas eu tinha uma questão, como ficar sem meu filho Lucas, aquilo era fora de cogitação, acho que meu esposo foi nos ver uma ou duas vezes somente, ele alegava que o trabalho era corrido e que Lucas precisava dele, então as férias do Lucas eu sempre o levava para ficar comigo e seu irmão e a minha família no geral.

A jornada era árdua, eram longe os atendimentos do João Victor, saía cedo com ele e muitas vezes só chegava às 19h em casa, só chegava mais cedo aos sábados, só tínhamos os domingo para respirar um pouco, nessa fase minha irmã mais velha me ajudou muito, nossa, minha gratidão eterna, quando dizia a ela "João Victor vai parar tal terapia, ela me perguntava "por que Maria, mãe de Deus?, ela sempre me chamava assim, não vamos mais conseguir pagar, ela me dizia, ei, não vamos, esse mês eu pago, ela sempre estava preocupada que eu tivesse o mínimo de conforto com João Victor, ficava num quarto na casa da minha mãe, ela sabia que não era tão confortável para nós, mas ela sempre dava um jeito de nos alegrar com algo para nos distrair.

Nos deitávamos em uma cama de casal naquele quarto e ela nos levava filmes para assistirmos aos domingos à tarde, era uma tarde sempre de alegria com ela e os meninos e algumas vezes minha cunhada estava lá também.

Ela nunca me questionava, mas sempre me aconselhava, e eu sempre a ouvia.

As conversas com Maíra a respeito do espiritismo me ajudavam a tentar pelo menos entender tudo aquilo vivido até aquele momento.

Um convite para conhecermos o centro espírita nos veio e assim fomos.

O local estava cheio de gente que esperava pela palestra, por coincidência ela era sobre reencarnação. Então ouvi "reencarnação não é uma punição, como muitos acham, mas se trata de uma condição para que o espírito venha a evoluir", naquele dia passamos pelo passe espiritual (imposição das mãos, que ajuda nas enfermidades visíveis ou não), foi uma experiência única na minha vida, senti uma energia diferente, um aconchego na alma, uma leveza, uma paz de espírito.

A mãe da Maíra ia ao centro espírita e nos trazia as garrafas com água abençoada, porque íamos pouco com João, a rotina era cansativa demais.

Não voltei muitas vezes, porque era muito complicado para sair com João Victor, mas comecei a buscar mais a respeito do espiritismo e quanto mais eu lia, mas tinha vontade de entender tudo aquilo.

João Victor era e é um menino forte, pouco adoecia, ele sempre teve uma força que admirava nele, quando me perguntavam, tem recorrência de pneumonia, alergias, não, porque uma criança com o quadro dele era para ter, considerada uma criança com imunidade baixa e geralmente adoecem com frequência, mas não meu João Victor, contava nos dedos quantas vezes ia a um hospital, duas vezes por ano, uma para troca de GTT e outra para exames de rotina e ainda é assim, todos os dias agradecia a Deus, lembro me de levá-lo ao neurologista que se surpreendeu quando relatei que a única medicação usual do João Victor era relaxante muscular, ele não tinha epilepsia, nem convulsões.

Mas sempre me preocupava em prevenir, estava sempre pensando lá na frente por ele. Evitava sempre expor ele de qualquer forma, meus medos me deixavam ter um cuidado muitas vezes fora do normal, só deixava ele perto da família que sabia que eram pessoas saudáveis.

Quando buscamos algo e encontramos, este nos dá o entendimento de que estamos indo na direção certa. Foi isso que entendi quando deixei de expor meu filho, não era o medo de não o apresentar a uma sociedade, mas cuidar para que ele não passasse por mais sofrimentos lá na frente e nem sempre isso é bem entendido.

Lembro-me de ser questionada: "Tem vergonha de mostrar teu filho", nem preciso responder isso, quando vejo certas pessoas ignorantes de pensamentos e palavras, deixo a resposta para quem quiser responder, eu me abstenho.

Lugares mais próximos que íamos com ele era a igreja, mas nem todos os domingos, o calor em Manaus é grandioso e isso incomodava ele, então escolhemos duas vezes no mês e levávamos ele e fica próximo a um público maior, vamos se dizer assim. Saíamos sempre de carro com ele, para passear e conhecer os lugares.

Capítulo 45

Um aviso e um despertar

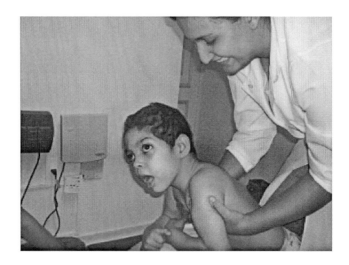

Não deixe a mágoa ou a raiva te dominar, levanta a cabeça e tire das dificuldades o melhor aprendizado para a vida.

Retornei para casa, precisava ver meu filho Lucas, a chegada nos alegrou, estar em casa nos traz paz, mas nossa estadia lá não era bem para descansar, ali João Victor também tinha uma rotina, lembro-me de chegar num final de tarde com ele, meu esposo não foi nos buscar, estava trabalhando, Lucas na escola, então chegamos e acomodei João Victor, acredito que uns trinta minutos que tinha chegado, alguém bateu na porta e fui abrir, era uma senhora que conhecia, ela me abraçou perguntou do João Victor, ficamos ali conversando, ela me olhou e disse:

— Vim aqui te falar uma coisa. Sempre observo teu filho. Vejo que teu esposo passa muito cedo todos os dias para deixá-lo na casa da frente — referindo-se à casa do meu irmão.

Ele, meu irmão morava quase em frente à escola onde Lucas estudava, então a solução que encontramos foi deixá-lo lá cedo, por volta das 5h30 da manhã, antes de meu esposo ir trabalhar. Essa era a rotina diária do meu filho e de meu esposo.

Ela me disse:

— Desculpa te dizer, mas teu esposo deixa Lucas lá cedo, e ele fica sentadinho na cadeira do pátio até seu tio chegar do trabalho. Ele não chama ninguém, não gosta de incomodar, então fica lá esperando.

De alguma forma, aquilo doeu em meu coração. Naquele momento, um estalo me fez perceber que, embora meu foco estivesse em João Victor, Lucas também precisava de mim.

Depois que ela foi embora, agradeci por suas palavras. Se ela não tivesse me contado aquilo, talvez eu não tivesse parado para perceber que estava, de certa forma, deixando meu filho para trás. Naquele instante, decidi que precisava encontrar uma maneira de dividir meu tempo entre meus dois filhos e achar uma solução para a situação.

Um dia, conversei com Lucas sobre essa fase e ele me disse:

— Mãe, o que mais me incomodava muitas vezes era o frio da manhã.

Ele gostava de estar com seus primos, as pipocas eram as mais esperadas por ele, que seu primo preparava, ele sempre se recorda disso.

Rubens ministrava aula à noite e ele ia junto, ficava no final da sala e prestava atenção, daí saiu o gosto e dedicação pela matemática que tem até hoje.

Ele tinha tudo para reclamar, mas ele não fazia, sempre admirei meu filho nesse ponto, nessa fase ele só tinha 7 anos de idade, fiquei quase dois anos nessa rotina com João Victor, idas e vindas.

Contei a uma das minhas irmãs e disse para ela que não sabia como lidar com a situação, ela me disse vamos arrumar uma solução, Lucas ficava muito sozinho, se isolava, as crianças tinham curiosidade sobre o irmão dele, mas ele não gostava de comentar, o isolamento para ele era a melhor forma, eu não estava ali para as festinhas de escola dele, dia das mães, estava sempre distante, mas ele fazia questão de deixar minha cartinha guardada, quando retornava para casa, tinha uma gaveta cheia de presentes feitos por ele.

Sempre procurei tirar das dificuldades meu melhor aprendizado e este com Lucas foi um recomeço e um olhar que até então não tinha tido, pois focar somente no João Victor era meu objetivo, mas que bom que Deus me deu a chance de consertar as coisas com meu filho e ver que ele também precisava de mim.

Ainda hoje me pego em pensamentos em relação ao meu filho Lucas, pois que bom que tive esse olhar aberto mesmo que tenha sido por alguém que mal conhecia, mas que me fez valer meu amor de mãe e meu entendimento de afeto e amor por dois filhos muito amados por Deus e por mim.

Sempre devemos olhar ao nosso redor e lembrar que viemos neste mundo com um propósito, seja qual for escolhido por você, mas eu entendo uma coisa: Deus nos manda anjos nas nossas vidas para cuidarmos e chamarmos de filhos, para direcionarmos e amarmos eles, é de grande aprendizado, preste bem atenção nisso e observe o quanto você aprende com seus filhos, eles são seres mais evoluídos que nós, os pais, essa troca de experiência e amor é de uma grandiosidade tremenda.

Meus filhos são presentes de Deus e um grande milagre na minha vida.

Capítulo 46

Um presente enviado por Deus

Ensinai ao teu filho o amor e a gratidão.

Chegaram as férias, então levei Lucas comigo, quando chegamos na casa da minha mãe, minha irmã tinha uma surpresa para Lucas, ela deu um cachorro de presente para ele, a alegria era nítida no seu rosto, sempre fui contra animais em casa, na infância eles desenvolveram rinite alérgica, nada com pelo tinha em casa, mas ele ficou tão feliz que deixei, ali nasceu um amor, Scooby Doo foi o nome escolhido para o seu cachorro, ele amava os desenhos do Scooby.

Scooby Doo fez uma grande passagem na nossa vida, ele veio numa época de solidão para meu filho Lucas, me mostrou que amar um animal vai além, é uma parte da família, quando via ele correndo com Lucas e o amor que meu filho desenvolveu por ele foi muito grande, levamos ele para casa, ele parecia entender tudo, me recordo de um episódio com Scooby, estávamos em casa neste episódio.

João Victor tinha fisioterapia à tarde, eu ia levá-lo, como era perto, ele ia na cadeira de rodas. Nós sempre entravamos pela parte de trás da casa, meu esposo mandou construir uma rampa na área de trás, pela frente tinham as escadas, não dava para passar. Scooby sempre nos recebia no portão, todos os dias, aquilo era rotina, nesse dia estava com uma bolsa e empurrando a cadeira com João Victor, parei no portão com ele chorando, não achava as chaves na bolsa, até que achei e abri o portão, ele tinha um hábito, ele sempre ia na frente da cadeira do João Victor até chegar no quarto, ai olhei para ele e disse, Scooby estou tão cansada hoje, bem que tu podia me ajudar a empurrar essa cadeira com João Victor, de repente olhei para frente e vi a cena, ele abocanhou um dos pés do João Victor e começou a puxar, andando de costas até subirmos a rampa, aquilo virou um hábito dele com João Victor, eu dizia "vou tomar um banho, fica de olho no João Victor", ele se deitava ao lado da cama e ficava até eu voltar para o quarto. Aprendemos a amar Scooby.

Animais têm um grande sentimento, via isso no Scooby, a proteção que ele tinha com meus filhos.

Eu podia estar cansada, mal humorada e muitas vezes triste, mas ele me recebia todos os dias com a mesma alegria, sem se importar com meu humor, coisa que não vemos muitas vezes nos seres humanos.

Tenho certeza que se tem alguém que não ame um animal, então não sabe ou não aprendeu a amar.

Eu tive a premonição da morte de Scooby, foi triste para mim porque adoeci três dias antes da sua partida e como dizer ao meu filho Lucas que ele iria partir, não disse, deixei Deus conduzir o momento e foi lindo sua partida, ele já estava velhinho, viveu mais do que o esperado para um cachorro, partiu dormindo em seu leito e Lucas ao lado dele.

Contudo, aprendi que amar um animal vai muito além, são sentimentos que nascem dentro de nós com uma força gigantesca e que se você aprendeu a amar um animal, com toda certeza aprendeu que o amor é recíproco.

"No semblante de um animal, que não fala, há todo um discurso que só um espírito sábio é capaz de entender." *provérbio hindu.*

Capítulo 47

Uma solução para nos unir em família

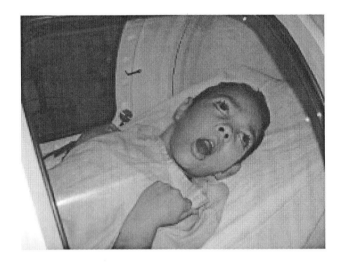

*Ele é o Deus do impossível, transforma
e te levanta no momento certo.*

Eu passava a maior parte do tempo em Manaus com João Victor, e aquele sentimento de estar abandonando Lucas me consumia. Uma tarde de sábado, recebi algumas visitas na casa da minha mãe. Eram pessoas que nos conheciam e souberam que estávamos por lá, então vieram nos ver. Durante a conversa, uma dessas pessoas me perguntou:

— Por que vocês não se mudam de uma vez para cá, já que o tratamento do João Victor é aqui?

— Como? Aqui, Rubens não tem emprego. Pelo menos lá ele tem — respondi.

Ele me olhou e perguntou:

— Você tem vontade de reunir sua família?

Aquela pergunta tocou fundo, pois era exatamente o que mais almejava. Respondi com sinceridade que sim.

Então, ele disse:

— Me manda o currículo dele. Vou indicar na empresa onde trabalho. Estão contratando, e com o perfil dele, tenho certeza de que ele consegue.

Naquele momento, uma luz de esperança se acendeu, trazendo a possibilidade de finalmente reunir nossa família.

Conversei com meu esposo sobre a possibilidade de mudança, mas minha alegria durou pouco. Percebi que ele não ficou tão entusiasmado quanto eu. Me lembrou de quando o convidei para irmos embora, relembrando os sonhos que eu tinha. Dessa vez, não vi, mas ouvi os mesmos medos e desculpas. Parecia que ele estava confortável do jeito que as coisas estavam. No entanto, ele não se opôs a enviar o currículo e acabou enviando ao nosso colega.

Uma tarde, enquanto eu estava sentada na varanda da casa do meu pai, ele me perguntou:

— Cadê meu João Victor?

— Está no quarto com Lucas — respondi.

— Tu estás esperando alguém? — ele perguntou.

— Não, estou aqui pensando... Se Rubens for chamado para trabalhar aqui, creio que ele não irá aceitar. Mas eu não sei o que fazer. Não quero mais deixar Lucas para trás.

Então, meu pai disse:

— Traga ele. Fica aí nesse quarto com eles. Não vai te faltar nada, nem para ti, nem para teus filhos.

Aquelas palavras aqueceram meu coração. Meu pai tinha uma vida conturbada com minha mãe, mas, do jeito dele, era um pai carinhoso.

Lembro-me de que ele pendurava uma rede na sala e nos colocava junto com ele, cantando para nós. Ele nos levava para colher frutas pelos matos e dizia:

— Sintam o cheiro da natureza.

Aquela foi uma fase muito boa, que guardo com carinho na memória.

Aos domingos, assistimos à corrida de Fórmula 1 e aos jogos de futebol com ele, nos ensinou a amarmos futebol e torcemos pelo Rubro-negro (Flamengo).

Ele teve uma fase de ausência na nossa vida, ele trabalhava fora e muitas vezes vinha nos finais de semana, outras ficava meses sem nos ver, nossa mãe fazia o papel de mãe e pai, mas se fazia necessário, até irmos morar juntos onde ele trabalhava, lá onde fiquei anos morando depois de casar.

Eu não acreditava que um casamento à distância funcionasse, então estava decidida a me mudar com meus filhos por definitivo para Manaus e deixaria meu esposo para trás, mas não tinha relatado minha decisão a ele ainda, me deparei com um dilema, se tivesse tido essa coragem lá atrás de ter ido embora com meus filhos, será que teria acontecido tudo aquilo com João Victor, talvez não, pois hoje acredito que nossos destinos já estavam traçados de alguma forma.

Meus pensamentos voavam numa grande velocidade, minha irmã mais velha me disse:

-A decisão é só sua, ninguém pode tomar por ti, pensa.

Então era novembro, Lucas já estava comigo, ele terminou as provas mais cedo e foi ficar comigo e seu irmão, a casa dos meus pais tinha uma degrau de escada na descida para a cozinha, nesse dia cheguei tão cansada e estava muito quente, não deixei João Victor no quarto como de costume, desci para a cozinha com ele, na descida meus pés escorregaram, não cheguei a cair, tentei apoiar para ele não se machucar, mas eu fiz uma lesão no quadril, no nervo ciático, fiquei sem andar, todos ali trabalhavam então liguei para meu esposo para pedir socorro, tinha que ser ele, João Victor não poderia ficar sem suas terapias (fonoaudiologia, equoterapia e fisioterapia), essa era nossa rotina todos os dias, ele então conseguiu 15 dias de folga para pode nos ajudar.

Com uma semana que estava lá, foi chamado pela empresa que nosso colega o indicou, ele mostrou indecisão, mas foi para a entrevista, era uma empresa, com ótimos benefícios, que nos ajudariam com João

SOB O OLHAR DE UMA MÃE

Victor, nossa preocupação era sempre ele, lhe ofereceram um cargo acima do que ele tinha na outra empresa e um salário maior, mas eu percebi que ainda existia um medo nele, a empresa queria ele já, era uma necessidade deles, então observando aquilo, sentei com ele e fomos conversar, deixei tudo às claras e disse a ele que não teria mais medo de deixar tudo para trás, não mais, eu queria começar uma nova etapa e meus filhos estava incluídos nela, se ele tivesse disposto que eu estaria de braços abertos para ajudá-lo, mas se a escolha dele fosse a de não ficar, que ali acabaria nosso casamento, nunca fui de medir palavras sempre fui direta, umas das características da minha personalidade, ele ficou calado, não me falou nada, confesso que não senti culpa nas minhas palavras, eu já me sentia tão exausta, não era fácil para mim aquela rotina, ficar viajando sozinha com João Victor era muito difícil, sempre tinha que pedir ajuda nos aeroportos porque não dava conta sozinha, eu sempre tive medo de altura, sabe o que é você saber que algo te incomoda, Mas tu tens que fazer porque é uma necessidade, toda vez que subia em um avião eu adoecia e isso ele não sabia, acho que ele nunca observou.

Isso me recordou uma fase do João Victor, ele começou a desenvolver medo de altura, um mês antes do acidente, ele sempre gostava que seu pai carregasse ele nas costas e sentava ele no pescoço, de repente aquilo se tornou um pavor para ele, só me recordei disso um tempo depois. Dormimos depois daquela conversa, dois dias depois veio a resposta, ele tinha sido aprovado na entrevista, agora a decisão era dele, eu entendia a dúvida dele, ele foi muito jovem para empresa, ali começou sua carreira, cresceu profissionalmente, ele tinha medo do novo, do desconhecido, mas nós éramos uma família, passamos por tantas coisas juntos e se tivesse que acabar ali, tudo bem, iria tentar recomeçar de uma forma leve, mas junto dos meus filhos, era minha decisão final.

Então ele me disse, vou aceitar a vaga, fiquei feliz, nesse dia ele me disse que se soubesse o que aconteceria com João Victor, ele teria voltado atrás nas suas palavras, mas lhe disse, não se sinta culpado, nenhum de nós sabíamos, meus sonhos, não me davam uma grande direção, então não tem culpado aqui.

Mas algo estava para começar, uma união em família estava se formando novamente, só de saber que iria estar com meus dois filhos juntos, mesmo que a jornada não fosse fácil, mas íamos enfrentar juntos, porque poderíamos carregar João Victor de um lado e guiar Lucas com outro lado das mãos e isso era sim uma nova etapa.

Por mais que o fardo seja grande, quando temos amor, união e entendimento, ele se torna mais leve, porque caminhar juntos era o que entendia que DEUS queria para nós dois, mesmo a tantas turbulências.

Eu via desse jeito, mas não sabia qual era o jeito dele ver.

Capítulo 48

A mudança e um casamento em declínio

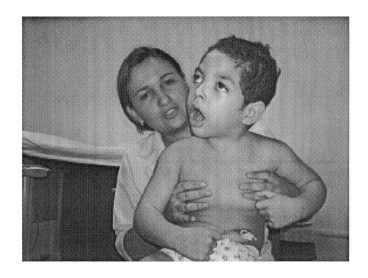

Reflita no que lhe cabe, mas seja sábio em tomar sua decisão.

Começamos nos preparar para a mudança, minha cunhada veio ficar com os meninos, ela tinha uma grande afinidade com eles e me deixava tranquila de uma certa forma.

Meu esposo foi pedir demissão na empresa, no primeiro momento não queriam dar, conheciam o trabalho dele, mas também sabiam da nossa dificuldade com João Victor, talvez eles tivessem receio de que a nova empresa não nos apoiasse como eles faziam, mas era uma nova etapa para nós, era nossa família reunida, acompanhar Lucas na sua jornada da infância para a adolescência era importante para mim, deram todos os direitos trabalhista a meu esposo, porque sabiam que ali era nossa necessidade.

Ali me deparei com uma situação que nunca antes tinha observado.

Nunca é tarde para vermos e corrigirmos o que realmente não nos faz mais sentido.

Começamos a organizar tudo, quando abri meu guarda-roupa, eu tinha tanta roupa que naquele momento não consegui entender para que tudo aquilo, não tinha mais sentido aquilo para mim sabe, vi em mim uma mudança que achei que nunca iria ter, ali era um lugar que te instigava a ser melhor que o outro, primeiro que ali existia uma divisão de hierarquia (não sei se ainda existe), eram separadas por vilas, cada vila era um tipo de cargo, dos mais baixos ao mais elevados.

Comecei a doar minhas coisas pessoais, queria deixar para trás aquela fase da minha vida, agora iriamos rumo a uma nova jornada, um recomeço, e assim foi, me senti mais leve contudo, nada queria que me lembrasse que um dia existiu ali (falo dos momentos difíceis).

O nosso recomeço não foi tão promissor assim, lá me deparei com mais uma situação, não foi como o idealizado, ali voltei a presenciar um esposo que só trabalhava, não tinha tempo para nós, foi uma jornada maior, eram eu e os meninos mais uma vez, não tinha sábado ou domingo, ele estava sempre trabalhando, me agarrei as pessoas ao meu lado para me ajudar mais uma vez, meus cunhados e minhas irmãs sempre estavam presente para nos ajudar, então vi a depressão voltar aos poucos, minha rotina era hospital, farmácia, supermercado e nada mais, o vazio voltou a tomar meu corpo, chorava todos os dias, quando percebia que ele poderia chegar ou meu filho Lucas, tomava um banho engolia a tristeza e colocava um sorriso no rosto, me deparei com doenças pelo meu corpo, não conseguia fazer uma atividade física, parar para conversar com alguém, esse tipo de coisas que nos faz distrair, como deixar João Victor, não conhecia nem meus vizinhos ao redor, me isolava mesmo, então tomamos a decisão de colocar João Victor para fazer as terapias em casa (fonoaudiologia e fisioterapia), nessa época João Victor teve uma lesão no quadril decorrente da espasticidade e foi proibido de continuar a equoterapia.

Foi bom ter direcionado as atividades dele em casa, mas isso me gerou mais solidão, agora não saía mais de casa, a rotina ficou estagnada

SOB O OLHAR DE UMA MÃE

dentro de casa, único lugar que íamos era a casa da minha mãe, meu esposo não tinha um tempo para sairmos, chegava cansado e muitas vezes nem perguntava se estávamos bem, ele sabia o que via e pra ele estava tudo bem, comecei a fazer terapia, senti necessidade, precisava conversar com alguém que me ajudasse a me mostrar uma direção se não iria enlouquecer.

Na terapia me vieram os questionamentos em relação meu casamento, a psicóloga sempre me pedia para levar meu esposo junto, ele sempre me dizia que não tinha tempo, um dia ele achou um tempo, então ela nos deu uma tarefa, sairmos um dia para jantar ou somente para passear, um momento só nosso, aí começou mais um dilema, ele não tinha tempo na agenda, mas também não cobrava queria que ele visse a necessidade de tudo aquilo, não era somente eu, era nós dois, mas para ele estava tudo bem, aí descobri que ele não tinha uma boa intimidade com a "Terapia", na opinião dele era " pra que vou pagar para sentar na frente de alguém e contar minha vida", então realmente, não tinha como irmos além.

Mas eu não desisti de mim, continuei minha estrada, buscando o que ainda restava de mim, juntar os pedaços e ir além.

Nessa fase, deixei Maíra, achamos outros profissionais, pois ela não fazia atendimento domiciliar, morávamos bem distante dela também, mas essa nova etapa me proporcionou a conhecer pessoas novas e habilidades excelentes, uma coisa era certa, João Victor não parava nem poderia.

O casamento estava em declínio, mas eu sabia de uma coisa: precisava do meu marido ao meu lado. A carga era grande demais e pesada, e mesmo com seu afastamento, ele estava lá para nós no final da tarde. Eram seus filhos também, e havia muita dor envolvida. Separar-me dele significaria deixar meus filhos sem um pai, porque eu sabia que ele nos deixaria e iria embora.

Lucas sempre falava sobre a questão da "separação de pais". Ele convivia com colegas cujos pais eram separados e me dizia:

— Mãe, é triste ver meus colegas chorando porque agora não têm mais os pais juntos. Um dia, ele me pediu:

— Promete que isso nunca vai acontecer com nossa família?

Ele tinha apenas 9 anos, uma fase difícil, e eu prometi. Talvez muito do que passei tenha sido por causa dessa promessa, mas ele nunca soube das minhas diferenças com seu pai. Sempre fiz questão de que ele visse o nosso melhor.

Se foi a decisão certa, eu não sei, mas foi o que meu coração sentiu naquele momento. Deixei meu amor de mãe falar mais alto, sem arrependimento algum. Sempre fiz o que achava que era correto, pois meus filhos sempre foram minha prioridade. Eu os amo até o infinito.

Capítulo 49

Minha irmã, uma partida inesperada

A morte traz a dor, mas sem ela não passamos pela mudança do entendimento.

Passamos por um período de estabilidade, mas fomos surpreendidos por uma triste perda: a morte da minha irmã mais velha.

Aqui tive um outro aviso espiritual, sonhei com ela e seu desencarne, no momento achava que seria mais um dos meus pensamentos atribulados e cansados.

No meu sonho, ela me dizia que a partida dela já era esperada, mas que ela ainda não queria ir, mas o navio já estava ancorado e não podia ir sem ela, me pedia para cuidar dos filhos dela, que não os abandonasse.

Esse sonho me veio um mês antes da sua partida, comentei com meu esposo somente, ele me disse nada vai acontecer, se fosse partida seria o trem.

O trem, vou contar a vocês, toda vez que íamos passar por alguma mudança na vida eu sonhava com o trem.

Antes da nossa mudança para Manaus, que eu nem sabia que iria acontecer, eu sonhei, estávamos cheios de malas, mas o trem era muito grande, muitos vagões e todos eles cheio de feno, as crianças, minha cunhada e eu íamos num dos vagões, estávamos felizes, só não estava meu esposo.

Dois meses depois tudo aconteceu de uma forma inesperada e tivemos a mudança para Manaus, então ele se referia sempre a partida, o trem. Fiquei pensativa e concordei com ele.

Um mês antes da partida da minha irmã, ela veio falar comigo, ela era apaixonada pelos meus filhos, mas ela tinha uma ligação muito forte com Lucas, todos os dias ela ia nos ver, ela morava um bairro perto do nosso, ela, mesmo cansada, saía do trabalho e ia na nossa casa, era a rotina dela.

Ela foi me deixar CDS com músicas católicas e me disse "precisamos fazer uma novena na nossa família, vamos falar com a mamãe", me virei para ela e disse, "por que, tem novena na igreja, menina", ela me disse "não, tem que ser na mamãe, só em família", "tá certo", respondi.

Falamos com nossas outras irmãs (éramos em sete irmãs, em Manaus éramos seis), e assim se cumpriu, começamos a novena na casa da mamãe, ela nos disse, "tem que ser o Terço da Libertação", aí decidimos que seria um rodízio, teria que passar na casa de todos nós, a dela seria a última, que assim pediu, o nosso terço começou a se espalhar, as pessoas começaram a saber e queriam que nós fossemos as suas casas rezar o terço da libertação e assim foi. O terço continuou, um sábado no final da tarde ela me disse "Maria, vamos fazer um chá da tarde, estou com vontade de comer galinha caipira, chá com batata doce, macaxeira, tacacá" e tinha mais coisas que não me recordo agora. Providenciamos tudo para esse chá acontecer em um domingo no final da tarde, estávamos em família, ninguém mais de diferente, somente um casal que apareceu no momento e participou, ela comeu tudo que tinha vontade, olhou para mim e disse "me dá João Victor, vou deitar com ele e tu vai comer com calma", não questionei, comemos, conversamos, rimos, me recordo que aquele domingo foi de muita alegria.

Ela tinha um hábito, todos os dias ela me ligava cedo e pedia para mim verificar se mamãe e papai não precisavam de nada, naquela manhã de segunda-feira ela não me ligou, fiquei com ela no meu pensamento, mas na correria do dia, não liguei, mas algo me dizia que íamos ter notícias não boas, o filho dela tinha ido fazer o pagamento do boleto da inscrição do curso que ele iria fazer naquela semana, ela ia muito cedo para o trabalho, ela sempre ia de táxi, justamente nessa segunda-feira ela foi de ônibus, não sabemos o porquê da decisão, me recordo de o telefone tocar, e alguém me disse "algo aconteceu com a tia, não sabemos o que foi, mas ela foi direcionada para o hospital", avisaram o filho dela e ele nos deu a notícia (nós chamávamos ela de "tia", quando Lucas era pequeno e começou a falar, ele chamava ela pelo nome, e eu queria que ele a chamasse de tia, mas ele não ouvia ninguém falar, então comecei a chamá-la de tia para ele aprender, e pegou, todas nós chamávamos assim, ela não se importava), nunca soubemos o que aconteceu com ela, o que soubemos foi que ela teve um rompimento de veias no cérebro gerado por algo que a assustou de uma forma bem séria, ela tinha problemas com pressão alta, ficou 15 dias em coma e aos poucos foi se despedindo de nós, eu assumi uma missão, ir todos os dias no horário de visita na UTI com ela, minhas irmãs não queriam vê-la naquele estado, eu as entendia, e não questionei em nenhum momento e ali passei por mais uma situação espiritual.

Ela não tinha evolução, então um dia o médico me chamou e me disse que ela estava caminhando para uma morte cerebral, aquela notícia acabou comigo e como contar isso aos meus pais, era difícil, sempre dividia com minhas irmãs, éramos uma apoiando a outra.

Então numa tarde, chegou o horário de visita e lá fui eu, não esperei muito, poucas pessoas e ela estava sozinha em seu leito, me aproximei, todos os dias que ia ali eu conversava com ela, peguei uma loção que era passado no corpo dela, para não ter escaras, lembrava muito do acontecido com João Victor na UTI, depois de passar, dei a volta na cama e olhei para ela fixamente, senti meu corpo flutuar, fechei meus olhos e fui conversando com ela, dizendo "estás com medo da partida, não quero te ver sofrer, eu te amo e vou estar aqui até quando Deus permitir, teus filhos não ficaram abandonados, eu cuidarei deles, descansa", sentia a leveza do meu corpo e na alma, eu flutuava de uma maneira inexplicável e um frio me abraçou, não consigo descrever aquela sensação e lágrimas caíram do meu olhos, quando tenho essa sensação, sinto o mundo parar de girar e como só existisse Deus e eu e nesse dia era somente ela e eu, em uma grande despedida.

Quando escutei atrás de mim uma voz com um sotaque diferente, sai daquele transe, olhei, era um médico, colombiano, me olhou e disse, que lindo, não vejo sentimentos assim em outros familiares, enxuguei o rosto, então ele me disse "sinto muito, mas você sabe que sua irmã está praticamente sem atividade cerebral", tocou meu ombro e saiu.

Eu tentei entender uma coisa, minha mãe não quis ver a minha irmã nenhuma vez, ela tinha os motivos dela, mas pra mim isso nunca ficou bem entendido dentro de mim.

Eu e minhas irmãs nos reuníamos embaixo de uma palhoça (pequena casa coberta com palha sem paredes) que ficava dentro do hospital, ali tinha umas pedras bonitas, nós ficávamos lá tentando entender aquilo tudo e mais ainda, nossa demonstração de carinho e afeto por ela, estar ali era tentar ficar mais perto dela, não víamos nossa família sem ela.

Meu sobrinho, filho dela, sempre ia quando dava para chegar no horário, ele era militar nessa época; nesse período de dor e apreensão, minha cunhada estava lá, cuidado do João Victor para mim.

Meu pai tinha planos para ela, muitos, mas Deus tinha os dele também.

No último dia de sua vida, uma tarde triste, muito triste, me preparei para ir na UTI como de costume, quando desci a escada da frente, veio um vendaval que quase me jogou na parede, me agarrei na parede e senti meu corpo sendo levado por um nervoso muito grande, meu coração disparou, eu sentei na escada, meu sobrinho abriu o portão, olhou pra mim e perguntou:

— Por que a senhora está pálida?

— Não sei — respondi, achei que a pressão tinha subido.

— Faz quantos dias que a senhora não dorme direito ou descansa? — ele disse — Vou chamar a titia e vá ao hospital, deixa que hoje vou ver mamãe.

Eu já estava pronta, mas concordei com ele. Eu disse:

— Podes dizer para ela que hoje não consegui ir, mas para ela ficar em paz que amanhã estarei lá — ele me disse com um sorriso:

— A senhora conversa com ela? Acho que ela nem escuta — fiquei calada, então ele disse:

— Vou chamar titia para lhe acompanhar — ele retirou a farda e foi embora, eu fui para o pronto atendimento, nada de pressão, só o nervoso que tomou conta do meu corpo, tudo estava em ordem comigo, voltamos, quando chegamos no portão recebemos a notícia da sua morte, fiquei lá calada, a filha dela que morava em outra cidade tinha chegado naquele dia.

O céu estava repleto de nuvens e o pôr do sol era lindo e claro. Olhei para o céu e disse a DEUS, estava precisando dela, mas saiba que aqui a dor será eterna, mas que seja feita tua vontade.

Não imaginem como é ter uma despedida de alguém que amamos e tanto fez por nós, ela era extremamente jovem, me pareceu que minha irmã não tinha vivido quase nada de sua vida, mas Deus a queria naquele momento.

Então me veio um entendimento, não era eu a me despedir dela naquele último dia, era ele, o filho que ela tinha sonhos, que ficava preocupada em deixar, mas que tenho certeza que ela tinha que fazer uma escolha.

Depois de um tempo entendi por orações que ela precisava para uma libertação de cura não do corpo físico, mas uma libertação na alma, de algo que seu espírito precisava para poder desencarnar, nunca irei saber, aquela ideia veio dela.

Mas confesso que fiquei com medo de orações, sempre me levava ao entendimento que de alguma forma ajudamos ela a ir, o terço da libertação me remete até hoje a sua partida, ainda luto com esses sentimentos, porque queríamos a cura dela e não sua partida.

Ficou o vazio e todos nós tentamos seguir em frente.

Deus nos deu o livre arbítrio, nos deixando livre para escolhermos nosso caminho para seguirmos nosso destino. Foi isso que minha irmã escolheu, o destino dela e voltando para sua eterna morada.

Muitas coisas me ajudaram, sou eternamente grata a ela, não espere alguém partir para você demonstrar sua gratidão, diga hoje enquanto a pessoa é importante para você para que esta possa lhe retribuir seu abraço ou somente um sorriso, tudo é válido.

Um dia, em uma conversa entre irmãs, a minha irmã caçula me disse "naquele chá da tarde, quando nossa irmã balançava naquela rede com João Victor, vi luzes coloridas, tipo raios que pareciam arco íris", minha irmã caçula é sensitiva.

Ela brilhou e se foi.

Sim, ela brilhou e continua brilhando na eternidade.

Capítulo 50

Rotina e retorno ao centro espírita

Guarda-me, Senhor, no silêncio da tua prece, porque com teu amor tu me levantaste e me guiaste.

João Victor e eu estávamos sempre na luta. Abrimos nossa casa para conhecermos pessoas novas que vieram trazer novos conhecimentos.

Desisti da terapia, pois não conseguia continuar sem o apoio do meu esposo. Não tive coragem de dizer à psicóloga que meu esposo não via sentido em eu estar em uma terapia, ele sempre achava que eu estava bem. A maneira que encontrei para lidar com isso foi me fechando ainda mais e desistindo, hoje penso que fiz errado, não era por ele, era por mim, mas com o tempo esse amadurecimento veio, eu me deparava com comentários do meu esposo em relação à saída dele do emprego antigo, eu via que ele não estava feliz e a culpa era minha, eu quis uma família reunida, mas ele talvez não quisesse, via meu casamento ir para o fundo do poço, nosso diálogo era quase sempre sobre os meninos e nossa rotina doméstica, mas ele sempre foi um excelente pai, não muito presente, mas de um amor muito grandioso pelos meninos, isso era reconfortante para mim, estava sempre lembrando as palavras da psicologia que nos disse lá atrás "pais com criança com alguma patologia enfrentam dificuldades no casamento e muitos se separam", observava que Lucas não tinha uma interação muito boa comigo, ele tinha dificuldades em fazer amizades, ele geralmente escolhia um e pronto, ele saía cedo com seu pai para a escola, quando voltava ele se trancava no quarto, e lá ficava, comecei a me culpar pela situação, de alguma forma deixei ele para trás, não foi minha intenção, mas talvez ele tenha entendido assim, ele enfrentou a fase de não querer chegar perto do seu irmão, não tocava, me dizia que tinha medo, João Victor era delicado para ele, como poderia ajudar meu filho, se nem a mim mesma conseguia, então comecei a inserir ele devagar nas coisa, um dia pedia um com um copo com água para seu irmão, na outra dizia, me ajuda a jogar água para lavar os cabelos do João Victor, empurrar a cadeira de rodas, esses tipo de coisa, ele tinha um tremendo ciúmes das coisa do seu irmão, era tudo guardado em um nicho no seu quarto, ninguém mexia, era do seu irmão, eles dividiam tudo, tinham idades próximas, era uma das causas da divisão.

Parei para refletir uma coisa sobre meu esposo, observar ele sempre voltar na mesma questão da saída dele do emprego antigo me deixava sempre cabisbaixa, mesmo com todas as dificuldades ele estava ali para mim e os meninos, eu criei uma dependência nele, eu me sentia num porto seguro, passamos várias situações pelo caminho, mas se ele me pedia para parar eu parava, não conseguia ir além, com o tempo vi que aquilo não era saudável para mim, porque a maioria das vezes não era minha vontade, mas fazia aquilo, eu já me sentia culpada por toda situação do acontecido com João Victor e ainda ter tirado ele do conforto que ele sempre me fazia lembrar, então preferia sofrer do que deixar ele ou os meninos passarem por algo. Entendia que a dor era minha e ele não precisava compreender, porque era eu que tinha que buscar a cura e a superação, não podia depender dele sempre ou dos outros, porque no final eu me sentia frustrada e sofrendo.

Mas com o tempo a terapia me ajudou a ver isso de uma forma bem mais descomplicada. Comecei a entender que precisava desacelerar, mas não sabia como, os sinais depressivos estavam lá, só que eu não queria deixar transparecer, precisava ser sempre forte, eles precisavam.

Uma tarde fui à casa da minha mãe, nós todas (as meninas) sabíamos costurar, nossa mãe sempre se preocupou em nos ensinar o que para ela era importante para nosso crescimento, nossa adolescência foi animada, vamos se dizer assim, em uma escola do bairro aprendemos a costurar, pintar, talhar e fazer crochê, minha mãe tinha um pequeno ateliê em casa, muitas vezes sentávamos com ela para desmanchar costuras como barra de calças, esse tipo de coisa, achávamos divertido e aproveitávamos para rirmos das coisas juntas e então montamos uma gráfica e sempre que podia ajudava a minha irmã nas confecções das camisas, meu irmão caçula era nosso designer.

Naquela tarde encontrei a sogra da minha irmã que estava visitando o filho (hoje já falecida), ela me disse "eu lembrei muito de ti ontem" (ela estava doente com um problema nas pernas), perguntei a ela por quê, ela me disse "estou indo no centro espírita e estou gostando muito, me sinto bem melhor e as palavras lá são tão bonitas, acho que vai te ajudar".

O que achei interessante que desta vez ela não se referiu ao meu filho, mas sim a mim, como se ela estivesse enxergando que eu não estava bem, porque as pessoas que chegavam até mim sempre me diziam de um tratamento, mas era pro meu filho, talvez esse meu fechar para as coisas não deixava as pessoas me verem como eu era e nunca iriam saber como estava me sentindo, mas ela me viu, não sei como, mas ela me viu de uma forma transparente. Ela me convidou, queria lhe dizer não, mas não disse, eu estava numa fase bem delicada, em casa eu chorava muito, me sentia presa, sozinha, sem expectativa de nada, quando estava com minhas irmãs era minha glória, ríamos sempre, mas era voltar para casa tudo desandava.

Ela me disse o dia que iriamos e seu filho ia nos levar, aceitei o convite dela.

Não dormia bem, o sono era leve e qualquer movimento à noite me acordava e não dormia mais, a labirintite começou a dar sinais.

Chegamos no local, para minha surpresa era o mesmo centro espírita que já tinha ido com Maíra e João Victor, mas que não dei continuidade, ela já tinha horário marcado, eu não, fiquei esperando para ser atendida, não era chato porque sempre tinha palestra, leituras bíblicas, eu gostava muito.

Chegou minha vez, a pessoa me olhou e disse "isso é doença da alma, tristeza e coisas que vieram de outros momentos de sua vida, tome essa água e espera naquela fila, assim fiz. Entrei, uma sala com bancos brancos, creio que umas dez pessoas naquela sala, luzes suaves, sentamos e ficamos todos lá, era necessário estarmos de roupa branca, a porta foi fechada e somente as luzes suaves ficaram de uma forma que só dava para sentir o ambiente e nada mais, entraram pessoas vestidas de branco, cada uma se posicionava em frente de quem estava sentada, as orações começaram e as mão eram impostas sobre as cabeças, minha experiência nesse dia foi surreal, senti o corpo flutuar, algo nas mãos daquela pessoa me queimava, sentia a energia passando para mim, eu estava de olhos fechados, mas mesmo assim enxergava uma energia passar nos meus olhos, uma explosão de cores, arco íris, essa foi a minha definição, quando as luzes se acenderam, as pessoas se afastaram e se retiraram da sala, ficamos ali ainda sentados, algumas como eu não conseguia levantar, a energia passada para mim tinha retirado algo pesado do meu corpo, fiquei leve, veio alguém na minha direção e me ofereceu um copo com a água, me disse, beba, logo o corpo recupera, então me levantei, encontrei a sogra da minha irmã, ela me disse, pronta, vamos para casa, assenti com a cabeça que sim, quase saindo, a pessoa que me recebeu quando cheguei, tocou no meu ombro e me disse, você tem que vim uma semana seguida, não falta e me deu um sorriso.

Dormi tão bem nesse dia e não chorei, eu precisava voltar, mas João Victor tinha uma rotina, com quem deixar, remarcava os horários dele pela manhã, para a tarde ir ao centro espírita era uma solução, uma das minhas irmãs tem quatros filhas que meu filho Lucas as chamava de (as

SOB O OLHAR DE UMA MÃE

lindinhas ou as F), todas têm os nomes começando com "F", elas eram meu suporte, ficavam com João Victor para eu ir ao centro espírita, elas queriam me ver bem (elas me diziam, prefiro ver a senhora no centro espírita do que no hospital), fiquei uma semana na imposição das mãos, quando a semana terminou, fui levada para dentro de um quarto que era direcionado às pessoas que tinham algo mais grave talvez, parecia um hospital, a mesma pessoa que me atendeu da primeira vez estava lá, depois descobri que ela era uma mentora espiritual, me convidou a deitar na cama, me deu um nervoso no começo, ela me colocou um lençol branco, me ofereceu o copo com a água, e me pediu para fechar os olhos e lá fiquei recebendo energia espiritual, no final ela me disse você tem a doença do sangue, precisa tratar, seu emocional não deixa, não chora, te levanta, você é tão jovem, ainda não fizeste nem a metade do que tu vieste fazer neste mundo, desce, vai lá embaixo e pega uma garrafa, enche de água lá no bebedouro e deixa lá naquela porta, ela me mostrou, vai ficar 24h lá, depois tu vem buscar e vai tomar todo dia uma copo pequeno, quando acabar tu traz de novo, então perguntei, até quando? ela me respondeu, até tu ter alta dos espíritos mentores. Ela me olhou e disse, "Maria tua luz é linda, tu só ainda não sabes tua direção" e me deu um sorriso bonito de se ver, ela era muito simpática, uma voz suave que parecia cantar quando falava.

A minha primeira água tinha gosto amargo, a segunda cheirava rosas, a terceira um leve lembrança de menta, e algumas pessoas diziam, a minha não tem gosto de nada, nossa será que era só a minha, pensava.

Eu descobri que o que eu tinha era resistência à insulina, a pré-diabetes, aí lembrei que tinha tido na gravidez do João Victor, mas o médico me dizia, quando ele nascer, tudo se estabiliza e some, se ajusta, mas comigo não funcionou, (a diabetes gestacional está muito relacionada a descontrole hormonal), como também tinha ovário policístico, tudo ajudava.

Mas fui guerreira, continuava indo na companhia da sogra da minha irmã, eu não chorava mais, até me arrumava para esperar meu marido, sentia meu corpo se curar, mas tudo na minha vida tinha um obstáculo e sempre me fazia recuar, essa também não foi diferente, depois não tinha mais como deixar João Victor, meu esposo até tentava, mas o horário era impróprio para sua saída, o centro espírita ficava bem distante e acabei abandonado o tratamento e sim, não finalizei, havia uma força que sempre me puxava para a desistência, eu dizia " o que é em Senhor não sou merecedora de nada, mas, ao mesmo tempo, eu dizia, tudo bem, não é minha vontade mais a tua, mas olhe não sei parar", mas eu criei uma outra perspectiva na minha vida, resolvi estudar, fazer uma graduação na minha área financeira, nossa meu mundo começou a mudar e João Victor estava tendo pequenas evoluções, mas que eram muito importante para ele, tudo nele era bem lento, só não podíamos parar, meu esposo me incentivou, então lá fui eu, eu comecei a me sentir mais livre, ter contato com outras pessoas me alegrava, sempre fui uma pessoa muito comunicativa, então isso me inspirava, uma nova etapa se iniciava, eu tinha que me sentir bem, porque eu estando bem, conseguia levar as coisas com mais fluidez.

Mais uma vez me deparei com a dificuldade, consegui cursar um semestre e nada mais, meus horários não batiam com do meu esposo, não tinha com quem deixar João Victor, Lucas não tinha idade para assumir uma responsabilidade maior, lá estava eu deixando para trás mais um projeto, não entendia porque todas as vezes que queria me reerguer, acontecia algo.

Então entendi que talvez não fosse esse o caminho, me dedicar somente aos meus filhos seria o caminho e assim fiz, me sentia mais forte e pronta para enfrentar tudo aquilo e não pensar mais em mim, somente neles, essa foi minha decisão inicial.

Eu aceitava meu obstáculo, mas quando se tratava do João Victor não deixava nenhum aparecer e se aprecia eu estava lá buscando uma solução.

O último foi de um plano de saúde que quis negar ao meu filho os pagamentos para atendimento domiciliar, ali achei que não ganharia a causa, pois quando dei entrada nas pequenas causas, senti a hostilidade da pessoa que escreveu o processo, mas olhe uma coisa, Deus ele coloca as pessoas certas em nossos caminhos e me mostrou mais uma vez que desistir não fazia parte da minha vida e nem de João Victor.

Lá estava o juiz, eu e o advogado representante do plano de saúde, ele leu meu pedido e me disse, o plano não vai negar ao seu filho, fiquei surpresa com suas palavras, confesso que achava que iria ter uma briga bem grande, pois era o que me demonstravam.

Ele me disse, eu tenho dois irmãos cadeirantes e sei o que é sofrimento de uma mãe, porque sempre vi minha mãe sofrendo pelos meus irmãos e sei o que é isso, vou levar aqui seu pedido e já assinado nosso acordo, o juiz me disse, se algo der errado, volte e bata aqui nesta porta.

Quero dizer aqui que mesmo nas dificuldades não podemos desistir de procurar nossos direitos, essa é a melhor forma de ajudarmos seja lá quem for.

Por muitos anos foi assim, eu me dedicando somente ao João Victor e Lucas.

Capítulo 51

Um encontro a dois e Deus foi e sempre será meu refúgio

Meu Deus, meu refúgio e minha fortaleza.

Depois de quase cinco anos, saímos um dia para jantar, comemorar nosso aniversário de casamento, João Victor ficou com uma das lindinhas.

Sabe onde achei um refúgio, na igreja, minha irmã me convidou para fazer parte da liturgia, comecei a cantar com o grupo, mas eu sempre fui uma pessoa da tranquilidade, nunca gostei de confusões e lá muitas vezes tinha uma rivalidade sabe, então disse que ia me afastar, minha mãe me chamou um dia e me disse, porque tu não vai cantar o salmo, não temos quase ninguém nessa área, fiquei pensando, e decidi ser salmista, cantar o salmo me deixava mais perto de Deus, é uma experiência inexplicável, toda vez que subia no púlpito para cantar eu sentia flutuar, não existia ninguém na minha frente, somente Deus e eu, saia dali renovada, pronta para continuar e enfrentar batalhas pelo caminho.

João Victor começou a ter uma fase de irritação nesse período, não sabíamos do que se tratava, muitas vezes ia parar no pronto atendimento com ele, mas não tinha vestígio de nada, os médicos me diziam que fazia parte do quadro neurológico dele.

Mesmo com as dificuldades batendo em nossa porta, conseguimos comprar uma casa e nos mudamos, tínhamos a esperança de um recomeço e que ali seria nossa morada em definitivo, esse era nosso pensamento, mas não sabíamos que DEUS tinha planejado algo bem mais grandioso para nós.

João Victor tinha uma equipe multidisciplinar para ajudá-lo, mas aquele desespero ainda persistia dentro de mim, achar algo que desse ao João Victor uma melhora maior a que ele já tinha era o meu objetivo, cada movimento que ele fazia era uma vitória para nós, dedicamos nossos dias e nossa vida a João Victor, tudo girava em torno dele, não tinha como ser diferente, ouvia dos médicos e terapeutas a necessidade de me desvincular um pouco dele, mas não dava, nunca iria dar, eu confesso que na minha cabeça era assim, se eu saísse de casa para qualquer coisa, o cérebro dividia, uma metade pensava nele e outra tentava fazer o que tinha saído para realizar, louco né, mas era eu, se íamos para a igreja ele ia junto, se não desse para levá-lo, ele ficava na casa da minha mãe com meu esposo, não conseguia ficar muito distante, era muito forte dentro de mim o medo de algo que pudesse a vir a acontecer com ele novamente e se não estivesse por perto, não confiava em ninguém para deixá-lo se não fosse alguém da família.

Acredito que de tanto ouvir as pessoas me perguntarem sempre, onde estava? Se não estivesse trabalhando nada teria acontecido? deveria estar em casa cuidando dos teus filhos? me levou a carregar essa imensa culpa, porque cada pergunta me levava a situação e lembranças desagradáveis, que mais tarde vim a entender que aquelas acusações (eu entendia que aquelas perguntas, me vinham num tom de acusação sim) não se cabiam a mim, mas somos frágeis diante de muitas situações impostas de uma maneira distorcida e errada, eu era fraca e aceitava, mas lutei com muita força para retirar de cima de mim essa culpa, hoje sei que ela não é minha, porque de alguma forma eu estava lá, não evitei, mas ajudei a salvá-lo.

Eu sempre pedia direção a Deus, pois sabia dos meus atos e deixar pensamentos negativos entrar na minha mente, só me faziam adoecer, mas eu não tinha uma direção certa, então me ajoelhava e pedia entendimento e direção e isso me ajudou muito.

Estar perto de Deus é maravilhoso. Depois que frequentei o centro espírita alguns pensamentos meus mudaram, comecei a ver no espiritismo a resposta para alguns questionamentos meus, mas eu sempre tinha o receio de falar sobre o assunto, porque nem sempre se tem um bom julgamento, ainda mais que vim de uma família muito católica, mas mesmo não frequentando um centro espírita assiduamente, eu procurava sempre viver o que tinha aprendido e sabia que a minha mediunidade que recebi desde que nasci me direcionava para dentro do espiritismo, mas era somente eu e eles, guardei dentro de mim, não tinha coragem de expor esse meu lado espiritual.

O medo do julgamento talvez fosse meu maior medo, quando você é apontado de uma forma negativa, isto nos leva a questionamentos, ainda mais eu, que comecei a presenciar o lado espiritual muito jovem e que não tinha um rumo nem uma direção.

Mas também quando falo do lado espiritual quero dizer que é um lado de conexão com DEUS, porque ele é um espírito, eu sempre digo em minhas orações "Deus Pai, Deus filho e Deus Espírito Santo", esse é meu mantra de oração.

Capítulo 52

Uma nova porta se abriu

Deus mostra o caminho e a direção.

Um dia meu esposo veio almoçar em casa, até achei bem estranho, ele quase nunca vinha, sentamos à mesa, ele olhou para mim e disse "recebi um convite para trabalhar no Nordeste, mas tenho receio, é uma área que não tive experiência ainda, nem sei direito onde fica". Fiquei olhando para ele e disse "como recebes um convite e nem pergunta a cidade", ele falou "sei lá, achei que tu não ia querer ir comigo". Tínhamos dois anos que tínhamos comprado nossa casa própria, Lucas estava bem na escola, mas nós não conseguimos nos sentir adaptados no Amazonas.

Moramos muito tempo dentro de uma cidade pequena onde nos sentíamos seguros, nossos filhos nasceram lá, muito verde, ar puro, nos mudar para uma capital gerou medos em Lucas, ele não andava mais de bicicleta, não tinha muito amigos, porque sempre existia o medo, estávamos sempre preocupado com a segurança, nossa casa foi toda gradeada porque tinha medo de assalto, mas aquela era nossa necessidade e realidade naquele momento, confesso que fiquei com medo do convite, mas, ao mesmo tempo, feliz por ele, era uma área de crescimento profissional, sem saber o que nos aguardava, incentivei ele, mesmo com todas as dificuldades do nosso casamento, nunca deixei de incentivar Rubens em qualquer que fosse sua escolha, olhava para ele como nosso porto seguro. Vamos, só pergunta a cidade e se tem tratamento para João Victor, essa era minha primeira preocupação, sabia que não poderia ser uma empresa pequena, então a questão de planos de saúde não seria problema.

De uma certa forma essa notícia me alegrou, encheu nossos corações de emoção e que ali estávamos tomando um rumo diferente, mas que seria para nós uma nova jornada.

Eu nunca tive medo de mudança, em nenhum aspecto, dizem por que nasci em Dezembro e tenho no mapa astral o signo de sagitário, mas enfim, nem o medo de deixar para trás as coisas, não sou apegada, somente aos meus filhos.

À noite, quando ele retornou para casa, nos disse:

— Campina Grande é o nome da cidade, fica na Paraíba.

Lucas pegou o mapa, e juntos fomos ver onde ficava.

— Na curva do mapa — disse Lucas.

O que mais me alegrou foi saber que era uma cidade pequena, sem toda a correria de uma grande capital, mas com fácil acesso a cidades maiores, caso precisássemos. Decidimos aceitar e seguir Rubens do Espírito Santo em uma nova caminhada rumo ao desconhecido.

Eu não sabia como seria, mas talvez aí estivesse a luz que ainda faltava nas nossas vidas, nem tanto em relação a João Victor, mas talvez entre nós dois como casal, Lucas se sentia bem em qualquer lugar, ele sempre me dizia, contanto que estivesse conosco, para ele estava tudo bem.

Fomos dar a notícia para minha família, meu pai não gostou muito, ele ficou triste, meu pai vinha enfrentando problemas de saúde já algum tempo, desde de sua saída da empresa, com a perda da minha irmã observamos que ele ficou ainda mais debilitado, mas ele tinha uma fé muito grande, ele sempre dizia que João Victor iria andar e falar, e que o dia que acontecesse ele iria mandar pintar a igreja de santa Maria Goretti como gratidão, era a igreja que frequentávamos, tínhamos que levar quase todos os dias João Victor para ele ver, sempre tínhamos encontros nos finais de tarde na casa dele, João Victor tinha um espaço na casa dele e até hoje ainda tem, mas eu sabia que aquela notícia era boa para nós, mas não tanto para ele, o mesmo tinha um apego por João Victor.

Meu pai não deixava eu levar João Victor para cortar cabelo nos salões, um certo dia contei a ele que um salão negou cortar o cabelo dele por ser uma criança com necessidade especial, então ele fez uma coisa, na época tinha um amigo de origem japonesa, ele cortava cabelo em domicílio, mas ele não queria cobrar o corte do João Victor e sabíamos que essa era a renda dele, então meu pai reunia todos os netos homens, genros e quem estivesse ali por perto e fazíamos a tarde de corte masculino dos meninos, somente para ajudá-lo, ele ia com maior prazer, tinha um grande carinho pelo meu filho.

Aprendamos a guardar somente coisas boas das pessoas, porque as que nos machucam ficam para trás e são irrelevantes.

Capítulo 53

A partida, um adeus à cidade que nos acolheu e uma nova etapa se inicia

Deus prepara o caminho e guia teus passos.

Nos preparamos para a mudança. Vender tudo era a solução naquele momento, iriamos começar do zero mais uma vez. Antes de nossa partida para o Nordeste, minha mãe fez um encontro em casa e recebemos Santa Maria Goretti em uma linda missa de despedida, em que reuniu família e amigos naquela linda noite de oração e despedida, não poderia ser melhor do que a bênção de uma mãe a uma família buscando um recomeço e construindo uma nova história, que talvez fosse com mais leveza.

Mas houve sim dificuldades pelo caminho, a primeira enfrentada foi a longa espera em aeroportos para troca de aeronaves, com uma criança como João Victor é bem complicado, mas deu tudo certo e chegamos em Campina Grande com dois filhos e as malas, não podemos nem trazer Scooby nessa fase porque ficamos em hotel e não permitia animais.

Não conhecíamos o lugar, não sabíamos se teria algum lugar para deixá-lo, depois um de nós voltaria para buscá-lo, ele não podia ficar para trás, fazia parte da nossa família.

A minha empolgação acabou quando o avião desceu, me deu um desespero, somente naquele momento que fui perceber que estávamos sozinhos, não tínhamos um parente por perto, agora era literalmente, João Victor, Lucas, Rubens e eu, uma lágrima desceu do meus olhos, a aeromoça viu e foi até mim, me perguntou, você estava bem?, acho que não respondi, viemos para um lugar onde não conhecemos ninguém, quem vou chamar agora, minhas irmãs não estão, com quem vou sorrir nos finais da tarde, não tem meus pais e aos domingos o almoço em família, ela me olhou sorrindo e me disse, aqui é uma cidade acolhedora, tem o maior São João do mundo, vai dar tudo certo, os nordestinos são hospitaleiros e receptivos, agradeci suas palavras e com elas a coragem para descer e ver o que nos esperava e lá estávamos descendo na cidade. Nos deparamos com o frio, o que, o nordeste com frio e muita chuva, era 31 de julho de 2015.

Nossa chegada foi tranquila, mas nos deparamos com os problemas hídricos que a cidade enfrentava, a seca, mas não nos desanimou, achamos a mesma rede escolar que Lucas frequentava em Manaus, ficou fácil, e lá estava ele voltando a rotina escolar, e nós começamos a procurar casa para morarmos, com ajuda de um corretor imobiliário, achamos, mas mesmo assim ficamos 15 dias em hotel, foi um malabarismo para cuidar do João Victor, as pessoas no hotel nos perguntavam, o que vocês vieram fazer aqui?, uma cidade pequena que não tem nada para fazer em relação ao lazer, muitas vezes pensava, enquanto a cidade pequena para nós era uma glória, para outras não, queriam a agitação da cidade grande, cada um com seus pensamentos dizia eu para mim mesma, ele não podia ficar muito tempo sem fisioterapia por conta da espasticidade, mas enfim as coisas se ajustaram, meu esposo veio para uma usina de geração de energia e como era novo na área, precisou viajar algumas vezes, então éramos nós três agora, só tínhamos uma amizade, o motorista que nos levou para o hotel, virou um amigo e nos ajudou muito, aos poucos fomos nos familiarizando com a cidade, mas ai voltei a sentir a solidão, eu ficava o dia todo sozinha com João Victor, não saia para nada, como deixá-lo, Lucas não sabia lidar com ele, então um dia sentei com Lucas e conversei, comecei dizendo, filho, estamos em um lugar onde não temos amizade, não tenho quem me ajude, então você será meu suporte e vai aprender a me ajudar com seu irmão, ele não me negou, mas ele tinha um medo até de tocar no João Victor, ele dizia que seu irmão era frágil, eu fui inserindo Lucas na rotina, ensinei a fazer os lanches, a passar alimentos na GTT, dar banho (os banhos sempre tinha que ter ajuda, João Victor não senta 90 grau, até tentei uma cadeira de banho, mas não funcionou, então um sentava com ele no colo e outro dava banho, muitas vezes fiz isso sozinha, mas depois da inflamação nos ombros, ficava meio difícil), e assim nossa rotina era distribuída, comecei a ter uma aproximação com Lucas e ver ele chegar perto do seu irmão me alegrou, João Victor sempre sorria quando via Lucas, ele sabia que o irmão dele estava lá, eu sentia isso.

Duas crianças que cresceram praticamente juntas, um grande amor os envolvia e via que Lucas era e é aquele irmão que deixa de fazer por ele para dar ao seu irmão caçula, isso sempre admirei no meu primogênito, eles sempre me diz que foi bem criado e educado e olhe tinha tudo para ele ser um jovem revoltado, porque ele foi poupado de muitas coisas, mas ele no infinito do seu coração sabia e sabe de todas as coisa que vivemos até hoje.

Minha eterna gratidão meu filho, expressar meu amor por você é algo que vem da minha alma e sempre que estou em oração peço a Deus que te guie e te recompense por tudo.

Capítulo 54

A procura de fisioterapeuta para João Victor

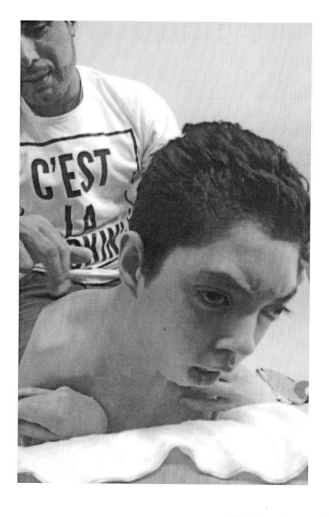

Não julgueis antes de conhecer.

Depois de tudo quase resolvido, comecei a procura por fisioterapeutas para atender João Victor em casa, eu coloquei na minha cabeça que não queria mais ninguém do gênero masculino, os que passaram por minha casa deixaram saudades, mas eu tinha um problema, queria achar nos profissionais a Maíra Tupinambá, ou a Regiane Ribeiro, não era possível, aí disse pra mim mesma, vou achar uma mulher, elas são mais sentimental, carinhosas do que os homens, nada deles dessa vez, o último fisioterapeuta do João Victor em Manaus era um colombiano, uma pessoa excelente e dedicada, com uma história de vida linda, tinha dificuldades de entender um pouco, seu sotaque era bem presente, mas nada que atrapalhasse nos atendimentos do João Victor.

Fiz uma busca na internet e fui colocando os nomes numa lista, João Victor precisava de um fisioterapeuta na área neurológica, era meio restrito profissionais nessa área por aqui, mas não desisti, achei cinco pessoas, quatro delas eram mulheres, ele era o único homem e deixei ele para o final da lista, ele seria minha última opção.

Então comecei a ligar, todas me disseram não, umas não atendiam em domicílio e outras não atendiam a área procurada, então não tive opção, parei uns dois minutos, somente olhando para o nome dele e liguei para o único homem da lista, ele atendia a área do João Victor e era especialista dentro da neurologia, não tive escolha, era ele. Marcamos uma visita, quando ele cruzou a porta da sala, eu tive a sensação que já o conhecia, só não sabia de onde, nunca tinha estado naquela cidade, mas também fiquei só para mim aquela sensação. Disse para mim mesma, nos meus pensamentos, será que já vim ao Nordeste e ninguém me falou, enfim.

Erivan Ângelo era um rapaz jovem, mas que entendia da área do meu filho, solícito e receptivo.

Eu tinha um desespero dentro de mim, sempre buscava na fisioterapia uma resposta, mesmo com as contraturas, eu queria João Victor de pé, dando passos, era um desejo, mas lá no fundo eu sabia o que a medicina dizia, João Victor foi indicado a várias cirurgia para correção das contraturas, mas seriam muitas, será que valeria a pena, só para alimentar meu ego e ver meu filho calçar um sapato ou uma chinela, eu era consciente de que a anestesia era um risco para ele, preferia ele vivo e sem dor, passar por tudo com toda certeza seria muito doloroso para ele e ver sofrendo me angustia até hoje.

Ângelo fez sua avaliação e disse olhando nos meus olhos "você é consciente de que seu filho é um paciente de manutenção?" Aquilo soou como uma afirmação e não como uma pergunta. "Como assim manutenção?" perguntei, ele então veio com a maior sutileza que já ouvi.

Primeiro que as contraturas em seus membros já eram instaladas, somente cirurgia para correção, mas ele não poderia ficar sem fisioterapia para não piorar, parar não era o recomendado e era real, ficar mais de duas semanas sem fisioterapia levava João Victor a sérios espasmos e tensões no seu corpo, ali nasceu um entendimento em mim, como explicar, meu corpo relaxou vamos se dizer assim e ao mesmo tempo me frustrou, suas palavras me fizeram ter um entendimento de que não deveria abandonar os tratamentos do meu filho, mas não fazer daquilo uma "Tábua de salvação", eu tinha que entender que meu filho não voltaria a ser um menino normal como as outras crianças, mas sim aceitá-lo como ele estava se apresentando neste momento, mas sempre tentar fazer o melhor por ele e que estivesse ao meu alcance, eu tive essa dificuldade de aceitação com João Victor, demorou meses para eu entender, eu queria meu filho, mas não era aquele filho que estava na minha frente, sabe, eu lutava contra isso, não maltratava meu filho, jamais, mas olhar pro João Victor depois do acidente me pesou muito no emocional, queria o João Victor de antes, o menino sorridente, feliz, sapeca, não via isso no meu João Victor atual, foi uma briga interna até chegar no meu entendimento de mãe, mas venci essa etapa da minha vida.

Passei dias com as palavras do Ângelo na minha cabeça, quando meu esposo retornou eu comentei com ele, o mesmo me disse que eu deveria confiar no profissional e buscar equilíbrio tanto para João Victor quanto para nós, essa foi a primeira vez que abaixei a cabeça e aceitei suas palavras, elas faziam um certo sentido.

Muitas das vezes temos que saber a hora que temos que aceitar que nem sempre somos o centro da sabedoria e se precisar busque o entendimento em outras pessoas, pois, com certeza, é Deus te dizendo "Ei, essa é tua ajuda", não nascemos sabendo tudo, vamos aprendendo com a nossa caminhada.

Assim como tive que vim conhecer Ângelo aqui no Nordeste para me mostrar que eu precisava aceitar as condições do meu filho.

Hoje ele é meu amigo, então, gratidão amigo, pois continuamos lado a lado, caminhando com João Victor, até onde Deus nos permitir.

Capítulo 55

Uma nova recaída

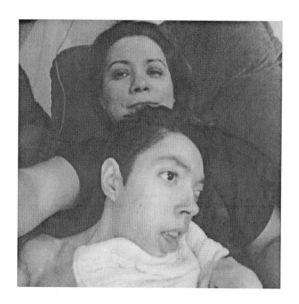

O Senhor sempre nos dá força para passarmos pelas aprovações.

Uma nova etapa se iniciava, era simplesmente João Victor e eu. E essa nova rotina me pegou mais uma vez, em Manaus tinha alguém para ficar com ele, aqui não mais, me senti aprisionada, um sentimento de vazio, olhava para o alto e voltava a me perguntar "DEUS, o que me falta, tenho dois filhos, esposo, casa, não me falta nada", mas o vazio estava lá, voltei a ter os episódios de choro, comecei a sentir meu corpo adoecer de novo, minha amizade com Ângelo foi me ajudando, ele que entrava na minha casa três a quatro vezes por semana, tinha alguém para conversar, me ouvir e tentar mostrar o que eu fazia que talvez não me fazia tão bem, isso me ajudou a entender aquela procura desesperada pela cura do meu filho, ele me mostrava que eu existia e precisava cuidar de mim, do Lucas e meu esposo, não viver somente para João Victor, foi fácil, não, mas decidi tentar ouvir os conselhos dele, pois ele atendia muitos pacientes nessa área e sabia lidar com isso e eu fui mais uma na lista dele.

Uma das coisa importante nessa fase foi eu ter vontade de sorrir, mas eu não gostava muito, não via motivo, isso feria meu coração, mostrar alegria me remetia a não ter sentimentos por João Victor, eu não me permitia ser alegre, qual graça teria, se não via isso no meu filho, então por que ter esse sentimento, esse era meu sentimento de mãe.

Isso foi gerado em uma conversa que ouvi de alguém, "Maria está feliz, alegre, sorridente, nem parece que João Victor sofreu o acidente". Ouvir isso me levou a esse pensamento de que não podia me sentir feliz em momento nenhum da minha vida, aos poucos fui perdendo tudo. Meu pai dizia que quando estávamos juntas era alegre porque gargalhar fazia parte da nossa essência, quando minha irmã se foi, perdi mais um pouco disso, parece que era forçado, sei lá. Não havia tantos motivos, essa era a verdade. Tem situações que nos levam a coisas que nem sabemos explicar. Em uma das minhas sessões com a psicóloga, ela me perguntou por que de tanta tristeza, pois João Victor está vivo, mesmo ela tendo me mostrado seus argumentos, parei para refletir e nesta reflexão me vieram todas as questões que uma mãe como eu poderia ter, a minha tristeza vinha de muitas coisas, uma delas era saber que ele estava aqui, mas não era mais o mesmo, o não falar, andar e comer me deixavam ainda mais na tristeza, eu perdia a vontade de comer, sabendo que ele não estaria comendo igual as outras crianças da sua faixa etária, mas que isso poderia de alguma forma melhorar se eu realmente estivesse disposta a enfrentar, e enfrentar meus medos e minhas dores e deixar isso tudo no passado.

Não achem que isso foi fácil, é uma dor imensurável, pois eu sempre dizia "Deus, por que tu já não me deu ele assim desde o meu ventre", talvez fosse mais fácil, eu saberia que ele iria nascer com a paralisia cerebral e talvez a aceitação fosse bem melhor, era um amor construído desde o meu ventre, mas não, vi ele crescer com um grande amor e vontade de viver e de repente tudo mudou.

Tudo mudou.

Capítulo 56

Uma partida dolorosa, meu pai

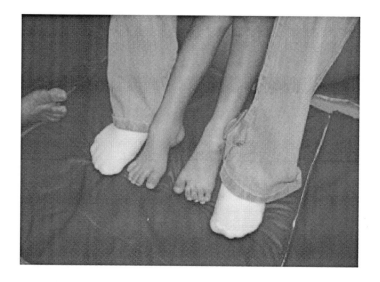

Deus te recebeu de braços abertos.

Aqui me veio uma grande perda, meu pai, íamos fazer trinta dias em Campina Grande.

Duas semanas antes meu pai adoeceu, eu tive a premonição da sua partida, ele já tinha problemas cardíacos, mas era guerreiro, foi proibido de sair de casa, ele se cansava com muita facilidade, mas a teimosia ou a vontade de viver não deixava ele parar.

Então a premonição da morte do meu pai me veio por meio de um sonho, uma semana antes da sua partida. Estávamos na casa da minha avó materna (falecida), no corredor tinha uma rede armada e minha irmã (falecida) estava deitada dentro dela se balançando, meu esposo, João Victor e eu estávamos deitados em um colchão que estava no chão do quarto, João Victor ficava entre nós dois, ela levantou-se daquela rede e veio até nós, carregou João Victor e o levou para balançar com ela, eu fiquei olhando, ela me disse sorrindo "vim buscar papai", eu a olhei com espanto, me virei em direção da porta da cozinha e lá estava ele em pé, envolvido em uma luz brilhante e todo sorridente, vestido com o uniforme do Flamengo (ele era torcedor, nos ensinou desde pequenas a gostar de futebol e logo torcer pelo Rubro-negro), eu olhei para ela e ela me disse "não te assusta, eu te conheço, por isso vim te avisar, mas olha ele está feliz e já vou, não posso demorar", mas ela balançava com João Victor e cantava com ele, eu voltei para a posição deitada e ela pegou João Victor e o colocou entre meu esposo e eu, pegou na mão do meu pai e saiu naquela porta. Acordei assustada e chorando, meu esposo se acordou, pegou água e me deu, pois eu chorava muito, quando acalmei, contei a ele, não falou nada, fiquei uma semana doente, minha imunidade caiu e adoeci real, eu sentia meu corpo sofrer por aquela perda, é louco isso, com antecedência.

Eu liguei para meu tio e disse a ele que meu pai não iria aguentar aquilo tudo, ele me respondeu "são muitas complicações, Luciete, mas fica tranquila, tudo vai dar certo", essa foi a forma de ele me consolar naquele momento.

Depois daquela semana, melhorei, quando começou a próxima semana era final do mês, trinta dias na cidade, veio a notícia, meu pai tinha sido internado e as notícias não eram nada boas, ele precisava passar por uma cirurgia, amputariam seu braço, trombose, nossa fiquei aflita porque precisávamos decidir se assinávamos ou não a cirurgia, pois era de risco, os médicos ainda tentaram, mas nada promissor, teria que ter a cirurgia, eu não falei o dia todo com ele, não sabia o que dizer, lembro-me que era às cinco da tarde aqui na cidade, lá era às quatro horas, ele iria às cinco horas para a cirurgia no horário local.

Fiquei em pé na porta sentindo o vento no meu rosto, só faltava eu falar com ele, então criei coragem e fiz a ligação, minha irmã atendeu e passou para ele e foi muito doloroso e triste ao mesmo tempo, não queria passar esse sentimento para ele.

SOB O OLHAR DE UMA MÃE

Ele me perguntou:

— Como está meu João? — ele sempre se referia a João desse jeito — E Rubens, Lucas, estão todos bem?

— Sim, pai, está. — respondi — E o senhor? — perguntei.

— Sabe quem veio me visitar? — ele respondeu.

— Não, quem?

— O padreco. — disse ele, referindo-se a um amigo nosso que é padre — Tu sabes que ele trouxe Nosso Senhor Jesus Cristo com ele.

— Sério, pai? Como assim? — perguntei surpresa.

— Ele veio em um feixe de luz, tão forte que doeu meus olhos. Na cabeça dele, havia uma coroa de espinhos. Quando chegou perto de mim, ele tocou na minha cabeça, e quando levantei os olhos, era o padreco. Mas eu sei que eles vieram juntos. Fizemos uma linda oração, "Salve Rainha", e me sinto tranquilo. Vai dar tudo certo. O médico disse que a cirurgia é simples, não vai demorar. Mas queria saber se tu vens me ver e se vai trazer João?

— Vou sim lhe ver, pai, mas não sei se levarei João Victor, porque Rubens não poderá ir comigo e, sozinha, não dou conta — respondi.

— Tá bom, vou te aguardar — ele disse.

Despedi-me dele, e não demorou trinta minutos para que eu recebesse a notícia de que ele havia partido. Nem chegou a fazer a cirurgia; ele teve uma parada cardíaca ao entrar na sala de cirurgia.

Foi muito triste, mas me senti firme, já tinha sofrido uma semana antes da sua partida. Até hoje a falta dele é grandiosa, fiquei um ano com o sofrimento da partida, ele me ligava todos os dias, para saber se João Victor estava bem, se eu tinha almoço, Rubens tinha ido trabalhar e se Lucas tinha ido à escola, todos os dias acordava e esperava sua ligação e ela nunca mais ia chegar, me começou um novo gatilho para a tristeza, com o tempo fui entendendo e aceitando a partida dele.

Eu até hoje tenho uma grande conexão espiritual com ele e quando tenho saudades, faço a oração Salve Rainha, me sinto perto de Deus e Nossa Senhora e sei que ele está lá recebendo meu abraço e meu amor por ele por meio da oração. Sabemos que nosso amor de filho vai além do infinito.

Capítulo 57

Nosso recomeço

Caminha com a cabeça erguida, pois tu terás que ver a luz acesa.

Nosso recomeço não foi fácil, chegar a um lugar desconhecido, somente dois filhos, esposo e malas.

SOB O OLHAR DE UMA MÃE

Olhei aquilo não como um desespero, mas algo que tinha se encerrado, um ciclo talvez, mas só eu entendia aquilo, então sempre digo, Campina Grande foi meu recomeço, aqui vi meu casamento melhorar, meu esposo não precisava trabalhar aos fins de semana, só se alguma coisa muito séria acontecesse na usina, podíamos sair agora para irmos passear com os meninos e saborear um sorvete nos fins de tarde, nossa, Lucas estava mais feliz e eu também, não tinha um telefone tocando desesperadamente e ele saindo no meio do almoço de domingo.

Mas ainda tinha aprovações pelo caminho, os sonhos me mostraram isso algumas vezes, mas, sabe, estava sempre firme e jamais reclamava contra DEUS, esse sempre foi meu lema, deixar DEUS agir conforme sua vontade, os choros do João Victor que eram diários cessaram, aqui o clima é muito bom, a noite tem aquele frio maravilhoso e uma cidade ventilada, fomos à praia com João Victor. Ele tomou banho de mar, coisa que não fazíamos em Manaus, sair para qualquer lugar que seja com ele, digo de lazer.

Aqui meu filho Lucas me viu como uma mãe e uma amiga, começamos a dividir tarefas, ele começou a perder o medo de ajudar seu irmão João Victor.

Uma noite tive um sonho, estava embaixo de uma imensa árvore, era um antigo quintal de uma casa que moramos com meus pais, acho que eu tinha uns dez ou onze anos quando morei nessa casa, ela ficava em frente da casa de minha avô materna, alguém me chamava e me dizia "corre, João Victor está em apuro mais uma vez", eu saía correndo na sua direção, mas cada passada que eu dava tinha barreiras de vidros, e não era vidros finos, grossos que doíam no meu corpo, porque derrubava todos que apareciam na minha frente, quando cheguei até João Victor, ele estava sorrindo e balançando em um brinquedo tipo um carrossel, ele me olhou e disse "oi, mãe", disse para ele "não faça mais isso, mocinho, sua mãe não aguenta mais uma tristeza", mas era um sorriso lindo, Senhor, meus sonhos sempre foram surpreendentes para mim, só queria ter mais entendimento, que nunca fui buscar definitivamente, sempre deixei DEUS agir na minha vida, com ou sem sonhos.

Acordei dolorida e com os pés todos sujos, porque corria descalço, meu esposo só soube porque acordei gritando e assustada procurando

João Victor, não conseguia entender onde estava, aos poucos fui voltando, e no outro dia os hematomas nos braços.

Entendi que ali ainda era me mostrado as dificuldades nos nossos caminhos, mas que no fim a calmaria viria, a ela viria.

O que DEUS promete, ele cumpre e nunca duvide dele, mas isso também me dava a sensação de que eu estava sempre recomeçando, talvez para achar o tempo certo de tudo na minha vida.

Capítulo 58

Sonhos marcantes

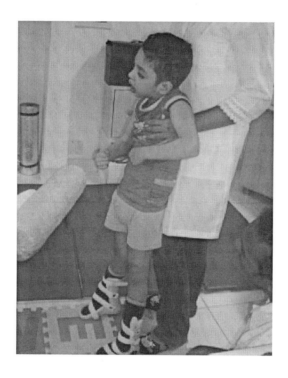

A oração é como a brisa suave que nos leva a paz de espírito.

Lembro de três sonhos que foram muito marcantes para mim, aliás todos eles me deixaram marcas positivas e entendimentos para a minha vida.

Esse ainda estava em Manaus. Não conhecemos nossa avó paterna, ela se foi meu pai ainda era bem pequeno, nem ele lembrava muito dela, mas o que lembrava nos contava, ele tinha uma única irmã, um doce de tia que também já partiu, algum tempo depois do meu pai.

Meu pai e ela sentavam naquela imensa cozinha da casa do meu pai e ficavam lembrando da infância e adolescência deles e isso nos ajudava a conhecer um pouco da vida deles e as história vividas por eles dois.

"Eu escutava um barulho na casa, alguém andando, escutava o barulho dos sapatos no piso da sala, então disse para mim mesma, como alguém entrou, todos estão dormindo, então me levantava com João Victor no colo e quando abri a porta do meu quarto, que ficava no final do corredor, avistei uma senhora, apoiada na ilha que ficava na cozinha, ela era elegante, vestia um terno e uma saia no tom cinza, mas tinha umas listras brilhantes, tipo fio de ouro em cada lateral da saia, ela estava parada na minha frente e segurava uma bengala, atrás dela um lindo rapaz de mais ou menos uns 24 anos de idade, ele muito sorridente, cabelos pretos e bem liso, ele me olhava como se me conhecesse, mas não sabia quem era, dei um sorriso para ele, ele era uma espécie de guardião daquela senhora, mas quando olhei para ela eu sabia, não sei como que ela era minha avó, mãe do meu pai, ela nos olhou e nos deu um sorriso, então disse, esse menino (apontou para João Victor com sua bengala) veio para unir essa família e mostrar que há um DEUS grande e poderoso lá em cima, apontou com os dedos para o céu, pegou na cabeça do João Victor, fez um carinho e saiu andando, atrás dela o rapaz que a seguia, que eu olhei para frente, tinha um lindo gramado na frente da nossa casa, de um verde que nem sei explicar, um formato de tapete, sei lá, ela caminhava naquele gramado e o gramado ia subindo conforme ela caminhava, vovó sumiu no céu junto aquele gramado, acordei, sentei na minha cama e fiquei pensando nas palavras da minha avó".

Contei na época ao meu pai meu lindo sonho e ele me disse que ela veio me visitar e abençoar meu João.

Quando tudo estava difícil e parecia que minha família iria se desfazer eu sempre pensava nas palavras da minha avó "Esse menino veio para unir essa família".

Meu outro sonho foi com minha sogra, eu não a conheci, quando casei ela já tinha falecido, mas meu esposo sempre me falou muito bem dela, eu perguntava um dia se tivesse filhos gostaria de contar a eles sobre ela, quando ele falava nela era se como já tivesse visto ou

SOB O OLHAR DE UMA MÃE

sentido o amor dela de alguma forma, um sentimento sem explicação, só tínhamos uma foto dela em casa que guardo com carinho até hoje.

Minha cunhada toda vez que viajava ou ia fazer algo ela sonhava com ela, ela sempre me relatava, era impressionante, eu dizia para ela "Ela está te protegendo, era assim que via".

"Eu caminhava em uma estrada e no final entrava em um jardim, nossa de uma beleza estonteante, uma grama verde, muitas flores de todos os tipos, uma linda brisa fresca naquele lugar, onde todas as flores se mexiam como se estivessem dançando naquele vento, mas era dividido por um lago, eu estava do lado de cá e do outro lado uma imensa árvore antiga, mas linda aquela árvore, quem eu avistei, minha sogra, Dona Benedita do Espírito Santo, me olhando e sorrindo, eu procurei de toda as formas atravessar aquele lago, mas não dava, ele era largo e não dava para pular, ela ficou encostada naquela árvore e me disse, eu ainda vou te ver, eu sou o anjo enviado para proteger João Victor nesta caminhada".

Eu sempre soube que meu filho era abençoado e protegido, mas ouvir que sua avó era sua proteção me alegrava muito, lindo isso, sempre achei.

Este sonho que tive com João Victor me deixou bem impressionada, nessa época não tinha um grande entendimento espiritual, mas vou relatar aqui.

Eu sempre dormia com João Victor, não tive mais confiança em deixá-lo dormir só, e nessa noite, fiz minha oração como sempre fazia e fui me deitar com ele, com pouco tempo, estava em uma praia, uma extensão de areia que parecia não ter fim, fiquei lá parada, não conseguia entender porquê de estar ali, quando de repente avistei João Victor, ele estava jogando bola, olhei aquilo e disse para mim mesma, como pode isso, eu sabia que ele não estava daquele jeito, mas ali ele estava perfeito, corria e gritava chamando alguém que não sei quem era, mas era um senhor que o acompanhava, eu só fiquei de longe observado e como sempre chorando, mas alegre de ver meu filho bem.

Acordei daquele sonho vendo ele me dar tchau, ele dizia, mãe daqui a pouco irei.

O que me deixou impressionada neste sonho, foi ter acordado e ter visto o que vi.

João Victor dormia e levantei para colocar o café da manhã do mesmo, eu primeiro fui até a cozinha, voltei com a garrafa de nutrição dela e antes de colocar na GTT dele, eu tirei o edredom de cima dele para trocar a fralda, João Victor estava com os pés cheio de areia, como se ele realmente estivesse andando na praia, tinha areia até nos seus cabelos isso me deixou intrigada, comentei com meu esposo, porque tenho certeza que outra pessoa não iria acreditar.

Um dia fui para a fisioterapia com ele, este sonho foi na cidade que morávamos e onde tudo aconteceu. Eu queria muito ter um entendimento daquilo, porque vendo aquilo, sabia que não era louca e era real.

Então neste dia, uma colega do hospital (ela é a enfermeira que me fez o relato dos aparelhos de UTI com João Victor) entrou na sala de fisioterapia conosco, sempre que ela podia, ela passava por lá para saber dele, e neste dia não foi diferente; eu olhei para ela e a mesma me disse, o que foi, me diga, relatei o sonho para ela, naquele momento me senti à vontade em contar para ela, sei lá, uma intuição boa em relação a pessoa, ela me olhou e me disse "Tu sabias que quando dormimos, nosso espírito deixa nosso corpo e vai ao encontro de coisas que precisam ser feitos por aí, é sentir o espírito livre, ele estava precisando disso, não te assusta, talvez tu verás mais coisas ainda", naquele dia ela me disse que seguia a doutrina espírita. Agradeci por ela ter me ajudado naquele momento, suas palavras me deixaram tranquila.

Esse foi com João Victor, mas não foi um sonho, foi um acontecido dentro de casa, morávamos em Manaus ainda, tínhamos nos mudado para nossa casa própria, tínhamos comprado uma cama bem grande e alta, daquelas que fazem massagem corporal, sempre pensávamos em João Victor e nos benefícios para ele.

Minha sobrinha e afilhada tinha uns seis anos de idade, ela amava vir em nossa casa para ler para o João Victor, nós colocávamos uma rede por cima da cama para ela balançar e ler as estórias para ele, ela não sabia ler, mais ela lia as figuras, aquilo me lembrava João Victor na fase dos seus 3 anos de idade, algumas vezes ela fica para dormir, mas nesse dia a minha irmã, mãe dela foi buscá-la. João Victor tinha dormido, a cama não era encostada na parede, colocávamos travesseiros ao seu redor para ele não rolar, ele dormiu e fui levar minha irmã até o portão, então de repente disse pro meu esposo, deixa ver João Victor e já volto, quando entrei no quarto(deixávamos a luz bem suave no quarto, nunca deixava ele no escuro)olhei para cama e não vi João Victor, dei um grito e Rubens veio correndo, lembro de dizer, roubaram João Victor e quase chorando, Lucas saiu do seu quarto e veio ao nosso encontro, nossa, algo surpreendente, ele estava no chão do outro lado da cama, mas olha que interessante, os quatro travesseiros estavam no chão e ele estava deitado em cima e dormindo, mesmo vendo aquela cena me apavorei, fiz meu esposo nos levar para o pronto atendimento para fazer raio x, vá saber se ele não tinha quebrado algo, batido a cabeça, mas nada, ele estava sem nenhum arranhão, tenho certeza que o médico achou que éramos loucos, nem sei se ele acreditou.

Se eu acreditava na proteção divina que meu filho tinha, naquele dia não me restou dúvida.

Muitas coisas vividas com João Victor, não é à toa que me disseram que a vida dele daria um lindo livro.

Capítulo 59

Uma grande decisão e um novo caminho

Buscai em Deus tua calmaria e teu refúgio.

Depois de tantas turbulências, me deixei viver um pouco, comecei a me sentir mais animada, mais feliz, saía de dentro de mim, não era superficial, sorrir agora era com vontade, fomos nos adaptando aos poucos, as pessoas na cidade são receptivas e tudo fluiu muito bem.

Eu aqui ficava somente em casa com João Victor, as alimentações que ele fazia de uso diário começaram a acabar, então precisava achar uma nutricionista para adequar uma nova alimentação para ele, encontrei umas duas pelo caminho, mas não era aquilo ainda, eu buscava na internet e procurava por nomes, ligava e me diziam "Não atendo a área do teu filho", a busca foi afunilando e ele precisava com urgência.

SOB O OLHAR DE UMA MÃE

Lembro-me como se fosse hoje, era uma manhã, tipo umas meio-dia, estava sentada à mesa e conversando ao telefone com a atendente do plano de saúde, à procura da nutricionista, me deram três nomes, quando liguei, não atendiam a faixa etária do João Victor, eu estava furiosa, paciência zero, ouvi Lucas dizer "De novo, estressada, olhe, quer minha opinião, pegue uma coisa, ele abriu a mochila e me deu um panfleto da faculdade, ele tinha ido fazer uma visita, ele estava terminando o 3º ano, estendi a mão e peguei o papel, ele continuou, pare de reclamar, vá estudar para ajudar seu filho e saiu", fiquei ali observando aquela ousadia dele, me veio um estalo na mente, estudar nutrição, como muitas outras graduação ficaram pelo caminho, me sentia frustrada, área da saúde, como assim, pensamentos foram e voltaram, pois sempre achei que minha área era no financeiro, como sempre gostei, mas vamos lá.

Liguei para ela e me informei, então fiz prova em duas faculdades aqui de Campina Grande e passei, uma não tinha turma à noite, teria que ser a noite, ah mas a outra tinha, fiquei animada, acham que foi assim tranquilo, claro que não, fiz minha matrícula, não contei ao meu esposo queria fazer uma surpresa, no dia que ia levar meus documentos na faculdade, ele chegou com uma novidade, ele iria fazer um curso técnico que disse ser importante para ele naquele momento, então mais uma vez recuei, mas dessa vez não era minha vontade, algo me empurrava para que eu não desistisse.

Liguei para a faculdade, a coordenadora me atendeu, perguntei a ela como faria para cancelar minha matrícula, ela me perguntou por que você vai desistir? Relatei a ela, e me disse "temos uma solução, aceita?" deixei ela me dizer a solução, ela me disse "Você vai cursar um semestre on-line, é o tempo do curso do teu esposo, no segundo semestre quero te ver aqui presencialmente". Ali tinha uma solução temporária, ah, mas cursar uma graduação requer dedicação, ainda mais na área da saúde e eu, Luciete, tenho um problema, senão for para ser bom ou quase perfeito, não me chame, quero sempre mostrar o meu melhor.

Capítulo 60

Obstáculos e o pensamento de desistência

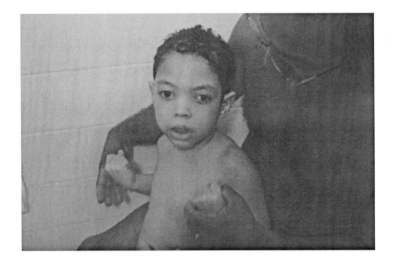

Não deixe ninguém dizer o que você tem que ser, deixe Deus agir.

Começaram a surgir as dificuldades por meio da caminhada, um dia meu esposo me perguntou, como será se tu resolveres trabalhar? E os estágios? Como ficaria João Victor? Os pensamentos voaram, a dúvida se instalou mais uma vez, aquele pensamento de que eu estaria mais uma vez deixando meu filho para trás, depois de tudo, pensamentos de desistência me vinham à mente, mas ele estava lá, sim, minha irmã não estava para me incentivar, mas ele estava, Ângelo, encontrava o incentivo em suas palavras, que antes vinha da minha irmã, era dela aquele papel até ela ter partido.

Ele começava "Vai desistir? Maria, pense no João Victor, os benefícios que você vai ter para ajudá-lo. E se Rubens ir embora um dia, vai sobreviver do quê? Só ser mãe do João Victor não vai te ajudar financeiramente", e lá eu seguia em frente.

Como eu escutei do meu esposo seu questionamento em relação a João Victor, tomei uma decisão, seria somente uma nutricionista para meu filho, não pensava ir para o mercado de trabalho, mas ele estava lá todos os dias me lembrando que eu era boa e que seria uma excelente profissional na minha área e que minhas dificuldades enfrentadas eram válidas para outras pessoas e que eu carregava na alma e nas veias entendimentos que talvez outras mães não teriam ou não tiveram a oportunidade.

As madrugadas eram as minhas companheiras, aproveitava quando João Victor dormia e estudava, iam buscar além do que a graduação EAD oferecia, mesmo sendo somente para meu filho eu queria ser a melhor para ele se isso fosse possível.

Chegou a hora de ir para presencial, mas pra chegar ai, tive mais uma crise.

Eu me acostumei com a solidão, vamos se dizer assim, eu vivia para João Victor, Lucas e Rubens praticamente, amizade, somente Ângelo e as colegas da graduação, mas a distância, isso não contava.

Eu precisava olhar para dentro de mim e realmente me encontrar, deixar que as pessoas me dissessem o que deveria fazer, talvez não fosse tão válido, mas este encontro comigo mesma demorou a vir, precisei de várias reflexões até tomar minha decisão.

E não é fácil, lutas diárias internas são as que mais mexem com o corpo e o espírito, mas não é impossível, talvez no final eu sairia mais fortalecida.

Capítulo 61

Um encontro comigo mesma e a saída do Lucas

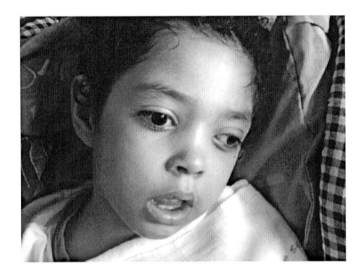

Estamos neste mundo de passagem, não tenhas medo, deixe as asas baterem e voarem.

Nessa fase encarei minha decisão, e a primeira delas foi voltar para a terapia.

Eu fui descobrindo coisas que eu mesma guardava e não dividia, estava sempre preocupada ao extremo com tudo, comecei a colocar em uma lista o que realmente me fazia bem e o que não era considerado para mim importante naquele momento, aprendi a deixar para trás, mesmo sabendo que algumas dessas coisas iriam magoar pessoas pelo meu caminho, aprendi a dizer o tão famoso "NÃO", nessa fase a psicóloga me intimou a ir cursar minha graduação no presencial, eu já tinha cogitado terminar a distância, eu precisava aprender a ter amizade, interagir com pessoas que não fosse somente o cachorro na maioria das vezes, Rubens ficava o dia fora, Lucas estudava integral, então eram o cachorro, João Victor e eu, foi boa a mudança, cheguei tímida, mas as coisas iam fluindo.

A graduação me trouxe amizades e aprendizados enriquecedores que carrego até hoje comigo, professores maravilhosos e encontros extraordinários.

Me ver na área da saúde me trouxe mais amadurecimento em relação aos meus medos, foi nesta fase que me vi sim abraçando meu filho João Victor com um grande amor de mãe que eu carregava e carrego até hoje por ele, meu príncipe caçula que não mediu esforço para lutar e chegar onde estava até hoje, eu sou somente um complemento nessa grande caminhada.

Lucas terminou o terceiro ano, mas aí me deparei com uma questão que me adoeceu de uma forma que achei que nunca iria acontecer.

Ele sempre teve um sonho de ser engenheiro mecatrônico, ele me contou que o pai do amigo dele de infância sempre falava com os dois sobre essa engenharia e ele colocou na cabeça que ele seria esse engenheiro e que iria construir robôs, ele me contava essa história desde os seus cinco anos de idade, eu sempre escutava e incentivava, mas eu achava que ele iria mudar de ideia, coisa de criança, mas para minha surpresa isso não aconteceu, com 17 anos de idade ele passou no vestibular e foi atrás da sonhada mecatrônica, em Manaus ele já participava de campeonatos de robótica, eram os robôs, ele veio para cá e continuou os mesmos segmentos.

Ele dizia quando pequeno "meu amigo e eu vamos construir robôs para que nossos pais não trabalhem muito e fiquem mais em casa com nós, essa era a ideia deles".

Sabe o que é você incentivar seu filho de 17 anos a ir para uma cidade que nem sei que rumo ficava, sem conhecimento de nada nem de ninguém, o menino que foi criado rodeado de pessoas, que aprendeu a amarrar os cadarços com quase oito anos de idade porque sempre tinha alguém para ajudá-lo, como ele iria sobreviver. Ah, mas ele foi, porque a mais perto que tinha era em um campus em Minas Gerais. Era o sonho dele e ele foi aprovado, saiu com uma mochila nas costas, não mostrei tristeza nem preocupação, mas os dias sem ele eram difíceis, ele sabia da minha solidão, então ele sempre achava uma aula vaga para vim almoçar comigo, foi assim o terceiro ano dele inteiro.

Ele sempre me incentivou e me dizia "nada de querer fazer uma graduação e ficar dentro de casa, mãe, olhe para mim, a senhora entendeu?". "Sim Lucas, eu entendi", "Ótimo", dizia ele.

Ele sempre me disse "Mãe, aprenda uma coisa, o meu irmão um dia vai, não sabemos quando, mas por toda condição dele a senhora ainda não está preparada", um dia disse a psicologia que achava que Lucas não tinha sentimentos, mas essa é a maneira de ele me chamar para a realidade. Era a forma dele me dizer "viva, mãe", porque ele presenciava os meus medos e dores pelo seu irmão, mas isso foi se tornando mais leve com o tempo.

Muitas vezes me vejo na personalidade do Lucas e assim foi descobrindo que ele tem muito de mim e não só do pai como muitos me diziam.

Ninguém está preparado para a partida, ainda mais uma mãe, meu pai nos disse uma vez, quando a minha irmã se foi "se DEUS pensasse bem, ele deveria deixar os pais irem primeiro que os filhos, porque a partida de um filho é uma doença na alma", mesmo sabendo que meu filho estava indo estudar em outro estado, tudo que passei com eles me trazia sempre para o sofrimento, queria eles dois dentro de uma bolha para que nada os atingisse, mas como nada é controlado por nós e sim por Deus, deixei ele voar.

E ele voou, um lindo voo que me deixou orgulhosa, mesmo em meio aos sofrimentos daquele momento.

Capítulo 62

Bateu a solidão

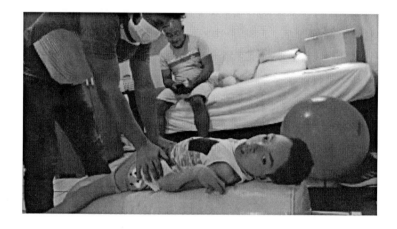

Alimenta teu espírito, que a cura vem.

A solidão bateu totalmente, só me sentia bem nos dias que Ângelo estava lá comigo, a noite meu esposo estava lá, era razoável, porque ele não perguntava e eu também não dizia nada.

Na terapia comecei a trabalhar essa questão, era bem difícil para mim, eu sempre fiz planos, meus filhos vão sair junto para uma faculdade e claro eu vou estar lá para eles sempre, mas eu sabia que isso não aconteceria, mas não estava preparada para a saída do Lucas, então não achei mas graça em fazer as coisas que fazia com ele, principalmente as refeições, deixei de comer no horário de almoço, cozinhar somente para mim não tinha graça, fazia do João Victor somente, comia as vezes a noite, estava sempre na faculdade nesse horário, quando nos reuníamos em grupos pela cantina; então ia deixando para lá, então desenvolvi uma gastrite severa, que me atingiu por meses e junto veio a ansiedade, aí tudo desmoronou, meu esposo não percebeu isso, só quando comecei a ir para o pronto atendimento com ansiedade para tomar medicação que ele observou o que realmente eu tinha, então ele parou para me ajudar, começou a vim nos horários de almoço me fazer companhia, mas não desisti da minha graduação, algumas vezes até tentei, então ele teve a ideia de convidar alguém para morar conosco e me fazer uma companhia nos dias que ele não estava, trouxemos a filha do meu primo, ela uma adolescente, que veio morar e estudar na cidade, já tinha alguém para dividir meus dias, foram um ano e meio com ela me fazendo companhia, nesse período, Lucas vinha algumas vezes nas férias e no final do ano.

Com a terapia aprendi a aceitar bem melhor as coisas da minha vida, principalmente as que envolvia meus filhos, já conseguia deixar João Victor e ir ao cinema com Rubens, e melhor de tudo, consegui viajar para visitar minha família em Manaus e deixar João Victor com seu pai, não foi fácil, deixava tudo escrito em uma lista grudada na parede da cozinha, Ângelo me ajudou a superar isso, ele dizia, vai, que venho ver João Victor, tu consegues, a minha maior preocupação com João Victor era e sempre será as suas rotinas, ele não sabe dizer se tem fome ou que tem uma dor, trocar uma fralda, essas coisas, então é tudo colocado em horários e observado.

João Victor chegou até aqui porque nossos cuidados com ele sempre foram bem pontuais. Ouvi da minha irmã nessa época que fui visitá-los, uma coisa que me fez refletir, eu não desgrudava do celular, então ela me falou "se tu morreres amanhã, Rubens não vai ter que arrumar tempo e cuidar do João Victor, relaxa e confia".

Creio que realmente era a confiança que não tinha e nem me esforçava para deixar ele ter, não dava espaço a ele.

Comecei a ajustar a alimentação do João Victor, não tinha medo de pedir ajuda ou buscar o que não sabia, meus professores me ajudaram muito, ia atrás, participava de congressos, e já pelo sexto período comecei a buscar cursos paralelos dentro da área do João Victor, aprender a equilibrar alimentos calóricos e proteicos para ele não perder tanto peso e nem tanta massa muscular, foi meu referencial.

Capítulo 63

Minha decisão como profissional

Me chamaste a me doar naquilo que me foi oferecido.

Cheguei com força total neste período, especialmente quando paguei a cadeira de "Materno Infantil", eu disse é aqui que vou ficar, ali tudo mudou para mim e meus pensamentos voaram em uma direção que não esperava, me vi dentro da área de "Paralisia Cerebral", meu filho era aquela referência para mim e por que negar isso, por que ficar somente para meu filho, por que não me mostrar para muitos que eu estava ali para fazer a diferença, parei e pensei, são muitos porquês, Luciete.

Um dia parei para meditar sobre o assunto, disse para mim mesma "Sabe aquela mãe que pegou um filho com uma paralisia cerebral, que se assustou quando viu uma GTT, que chorou muitas vezes por saber que o filho não iria mais comer normal, muitas questões não é", mas essa reflexão me ajudou a entender que assim como eu teria muitas "MARIAS" mundo afora e que iriam precisar de mim, do meu conhecimento e essa era minha missão.

Isto me levou a ter meu foco como profissional, eu me sentia grande e preparada para assumir essa nova etapa da minha vida.

Há algum tempo nos deparamos com um João Victor jovem vindo a desenvolver epilepsia, mas nada para assustar, alimentação e medicação o ajuda sabe, um coração pouco fraco que faz parte da sua condição, mas que estamos sempre levando o mesmo para especialistas, mas perceber uma coisa me agrada, João Victor chegou aos seus 22 anos de idade com uma saúde boa, sem mais aquele diagnóstico de que não iria sobreviver muito tempo, sem pressão, sem medo de expor ele, porque tudo me apavorava.

Um dia achei que iria colocá-lo numa bolha de proteção, na pandemia então pirei, ninguém via João Victor a não ser Ângelo, passamos mais esse obstáculo.

Aquelas várias graduações em finanças que não deram certo, não era para ser, esse aqui era meu lugar.

Continuei minha busca, lá nos deparamos com uma pandemia que me deixou um ano fora de terminar minha graduação, por escolha própria, queria um estágio presencial, não abria mão disso.

Aproveitei a parada da graduação na pandemia (ficou on-line e ficou mais tranquilo) e fiz uma formação na área de "coach nutricional", lá se foi um ano e meio de muitos conhecimentos, estava sempre buscando minha área.

Quando meu esposo viu que eu não iria mais desistir, ele me apoiou, aquela disputa que parecia existir se acalmou, aqui eu era uma mulher decidida, não tinha choro e nem lamentos, aprendi que meu filho não era meu obstáculo, mas sim minha vitória, minha redenção e salvação como pessoa, como mãe.

Mas tudo que faço, penso nele primeiro, não abro mão de estar junto dele nos dias de terapia, mesmo tendo alguém para me ajudar com ele.

É por ele e com ele!

Capítulo 64

Experiências vividas pelo caminho

Deus te coloca onde tu tem que estar, não blasfeme.

Passei por experiências na época do meu estágio. Me designaram para um hospital de câncer aqui da cidade, ali foi uma prova de fogo para mim, aprendi a controlar meu emocional, pois olhar a fragilidade daquelas pessoas era doloroso para mim, mas ver a fé de muitas e saber que um dia eu também me deparei com minha fé fraca e ao mesmo tempo forte me fez ter outros olhares para aquelas pessoas ali dentro.

Mas nem sempre tínhamos notícias boas, muitas vezes chegávamos de manhã cedo com a notícia de um falecimento de alguém que cuidávamos da alimentação, outros já no isolamento, mas fez parte da minha evolução com toda certeza, fez-me sentir mais forte ainda e vi as pessoas ali com olhos de gratidão e amor, porque muitos ali estão somente esperando a sua partida, mas gratas por terem alguém ali com elas para conversar e sorrir, nem que seja somente naquele pequeno período.

Eu sempre refletia na minha volta para casa. Por que de tanto sofrimento, Senhor, pessoas ali com uma grande história e que no meu entendimento não mereciam passar por aquele obstáculo e sim viver mais um pouco. Mas quem sou eu para achar alguma coisa, Deus sabe dos nossos desígnios e nos ampara com todo seu amor, seja no sofrimento, na dor ou no amor.

Nem sempre o sofrimento é uma cura para o corpo, mas sim para a alma e elevar seu espírito para uma evolução para que se chegue ao plano espiritual, pois acredito que o que viemos buscar neste mundo não é só nossa evolução, mas aprendermos a amarmos uns aos outros independentemente de raça e cor.

Uma outra experiência foi em um hospital de pessoas com reabilitação (um hospital que recebe pacientes com todos os tipos de transtornos mentais e recuperação com vícios), ali realmente foi um divisor para mim. Parei várias vezes para refletir. Quando me deparei com pessoas jovens e com transtornos mentais me vieram alguns questionamentos. Será que realmente escolhemos passar por isso, o que nos leva a passar por essa aprovação, a maneira como são tratados muitas vezes me angustiava, a divisão de hierarquia também me deixou bem pensativa, se você tem mais, se recebe mais, se tem menos, nem sempre é possível receber.

O que leva cada pessoa ali estar naquele estado, famílias que os abandonam de uma certa forma, outras ali, por muitos motivos, alguns porque tem pais idosos e nem sempre conseguem estar ali para visitá-los, mas gera angústia naquelas pessoas, elas esperam numa expectativa que dá dó de ver e no final ninguém aparece.

Achei que não ia conseguir ficar ali, queria ter muito, para abraçar aquela causa, pode abraçar cada um e dizer que a elas que Deus nos escolhe e nos dá um livre arbítrio e fazemos das nossas escolhas o nosso caminho, mas nem sempre elas têm esse entendimento.

As lágrimas nos ensinam que sorrir é valoroso e que o tempo nos ensina a dar valor a qualquer espera que a vida possa nos mostrar.

Viver toda essa experiência foi de grande aprendizado espiritual, pois passei a olhar meus irmãos com outros olhos, com olhos de gratidão, amor e esperança, porque diante de Deus somos todos iguais.

Capítulo 65

Situação vivida e um retorno para o lar

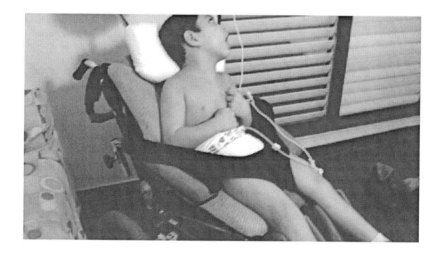

Somos todos filhos perante nosso pai.

Me lembrei de uma situação vivida com João Victor, ele achava que não era filho do Rubens porque ele nasceu de pele clara e Lucas com o tom de pele do seu pai, negro, ele chorava e me perguntava por que ele era leite e Lucas café, depois descobrir que os amiguinhos dele diziam para ele que ele não parecia com seu pai, foram dias de conversa, mostramos para ele que a mãe dele era de pele clara. Ah outra coisa foi o dia do folclore na escola, ele se vestiu de Saci e sua professora o pintou de preto, a dificuldade para ele tomar banho foi grande, ele queria ficar o resto da vida naquela cor, ele estava parecido com seu irmão e pai, coisas vivida com João Victor.

Hoje vejo que como mãe tive que passar por vários manejos familiar, não nascemos sabendo e nem temos um manual que nos diga como seguir, acredito que nosso aprendizado é muito valioso, porque assim como aprendemos com nossos filhos, eles também esperam que nós sejamos esses guias para eles em todos os segmentos da vida.

Mas não parou aqui, nosso sofrimento aumentou quando Lucas ficou isolado em Minas, ele era bem sozinho, só tinha três amigos por lá, mas na pandemia nem podiam se ver, eu vi nele a solidão, mas não disse nada, esperei ele chegar até mim e dizer o que lhe afligia.

Eu sabia que ele não estava bem e não deixei nenhuma barreira entre nós dois, como antes havia tido, hoje não mais, mas sempre respeitei o espaço dele.

Eu via Lucas a cópia do pai, mas com o tempo fui vendo que ele tinha muito de mim, principalmente o jeito obstinado de ser, que quando quer uma coisa, vai atrás e faz.

A nutrição nos aproximou, ele aprendeu a se virar sozinho e a culinária trouxe isso para ele, o gosto por cozinhar nos deixou bem mais próximos, hoje trocamos receitas e criamos juntos.

O menino que começou a trocar os industrializados por alimentos saudáveis e que está sempre me dizendo, faça um livro e vamos colocar suas receitas para seus pacientes, vai ajudá-los a ver a comida como saúde para o corpo, assim como a senhora faz para meu irmão, sou grata a Deus por esse filho maravilhoso que todos os dias me enche de orgulho.

Um dia ele me ligou e disse que gostaria de me dizer algo, então começou me dizendo que a Mecatrônica não era o que ele idealizava, mas sim a área de Programação e gostaria de trocar de Graduação, a notícia não foi muito bem recebida pelo seu pai, mas eu entendi, não foi tão fácil assim para nós, investir em tudo que ele precisava lá fora, mas eu não concordei, disse ao meu esposo, vai querer que ele seja um rapaz frustrado porque seguiu algo que você queria que ele fizesse ou deixar ele realmente fazer as suas escolhas, pense e reflita.

Chegamos a um acordo familiar e lá no meio da pandemia ele retornou de vez para casa, vou ser sincera a dizer que ali me deu um alívio muito grande, aqui no Nordeste temos excelentes faculdades e não foi diferente, cursou mais um vestibular e entrou em Engenharia

Elétrica que até então era só uma porta para sua área de programação, mas hoje ele continua na graduação porque se identificou com a mesma, continua programado seus robôs e viajando com seus campeonatos em robótica e seus projetos e ainda com o sonho de morar fora do Brasil.

Sei que ele sofreu muito com o acidente do seu irmão, ele se isolou de uma maneira que me assustou no começo, ele não gostava de conversar sobre o assunto, as lembranças maltratavam ele, mas uma coisa sempre ficou: o amor que ele sempre teve pelo seu irmão João Victor, consigo ver isso no seu olhar e nos cuidados que tem com seu irmão, tudo gira em torno do João Victor, sempre que fazemos algo, nosso primeiro pensamento vem no João Victor, nunca neste mundo irei saber como seriam nessa fase de adolescente, com João Victor não tive a fase e com Lucas ele estava longe de uma certa forma, ele sempre foi um adolescente responsável e hoje na juventude não é diferente.

Se acreditamos que voltaremos em outras vidas, peço a Deus que me deixe desfrutar desses sentimentos com meus dois filhos mais uma vez, pois se há uma escolha, escolheria sempre ser mãe do Lucas e João Victor.

Só peço a Deus que me deixe cruzar essa barreira e não ter mais tanto sofrimento e ver meus filhos crescerem de uma forma normal, sem traumas, sem separação familiar e sim cruzar uma felicidade que eu sei que um dia busquei, mas que me foi interrompida de uma maneira cruel e sem medidas. Mas Deus sabe de tudo e eu sou somente um instrumento do seu amor.

Capítulo 66

Uma amizade ou um encontro de almas

Uma verdadeira amizade, caminha contigo sem te exigir nada em troca, mas te ensina sem te ferir.

Vejo minha amizade com Ângelo como um grande encontro de almas, não foi à toa que ele cruzou meu caminho e eu cruzei o dele e ainda mais, cruzou o caminho do meu filho João Victor.

SOB O OLHAR DE UMA MÃE

Nossa troca de experiência na área espiritual é surreal, ainda hoje ele me ajuda a enfrentar alguns medos que ainda tenho e que somente com ele consigo ver de uma forma mais leve e mais clara.

Com o tempo fui aprendendo a pensar mais nas coisas que me eram dadas, hoje penso e se achar que aquilo não é para mim deixo para lá, mas se achar que me serve, penso e tiro o melhor de tudo aquilo para minha vida.

Ainda é uma batalha para mim em se falando de amizade, cultivo mas não carrego comigo, me sinto segura em sermos meu esposo, meus filhos e eu, é mais fácil, vamos se dizer assim.

Aprendi que esperar é a melhor maneira de fazermos as coisas, pois não é no nosso tempo, mas sim no de DEUS, mas continuo orando e agradecendo porque o que ele promete, ele cumpre, mas lutar sempre é a maneira de dizermos a DEUS que estamos aqui por ele em busca de nossa evolução.

Meu contato com Ângelo é maior por conta do João Victor. Admiro nele sua obstinação e o carinho que ele tem pelos seus pacientes, seja criança, adultos e até mesmo os idosos.

Em toda minha caminhada até hoje, como disse anteriormente, me tranquei a amizades, sempre soube que a solidão de alguma forma não nos faz bem, mas ela te traz o silêncio, para que possamos refletir naquilo que precisamos dentro do nosso ser interior, muitos dos meus ensinamentos me vieram com o silêncio.

A amizade verdadeira vem com a convivência ou aquela que aparece como se a certeza de já ter vivido aquilo naquele momento, mas de onde, se tu nem conhece a pessoa, uma grande afinidade, foi assim que nasceu a minha com Ângelo.

Recebi alguns olhares tortos pelo caminho, porque ainda dentro da nossa sociedade, ver uma amizade entre sexos opostos é considerado não muito bom aos olhos de muitos, ainda mais se tratando de uma mulher casada.

Quantas vezes me perguntavam o que ele era para mim, ele entra na nossa casa a semana toda e meu esposo não está lá.

Mas aqui nos fortaleceu em amizade e família, porque meu esposo sempre soube e sabe da nossa grandiosa amizade que também se estende a ele e ao meu filho Lucas.

Apesar de não ser muito boa de amizade, digo a vocês, que todas nós como pessoa precisamos ter nem que seja um amigo, aquele que te faz sorrir nas horas tristes e nas alegres e que te ajuda a enxergar a direção, mesmo que suas palavras cheguem como um empurrão que derruba as barreiras e te fere. Mas um conselho: pare, escute, pense e depois tire suas conclusões e se um dia essa amizade tiver um rumo diferente, mostre a ela que você vai estar lá e que nem o tempo nem a distância vão apagar esse amor que chamamos de "amizade".

Grata, meu amigo!

Capítulo 61

Deus me escolheu e me capacitou

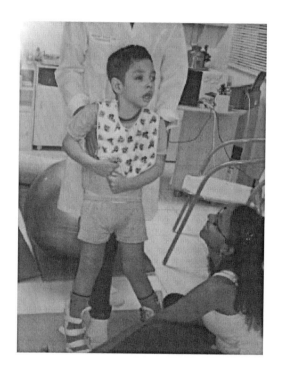

Crianças com necessidades especiais são como sopro de amor, que nem o tempo apaga, elas vieram para brilhar e serem amadas.

Já quase no final da minha graduação entendi que nem só a paralisia cerebral me era designado para cuidados, mas também as crianças com TEA (Transtorno do Espectro Autista) e TDAH (Transtorno do Déficit de Atenção com Hiperatividade) que na pandemia teve uma grande proporção e a busca por uma equipe multidisciplinar aumentou ainda mais, meus conhecimentos e estudos nessa área aumentaram.

Essas famílias precisam de mais acolhimento, pois ser uma mãe, pai, irmão atípica não é fácil, muitas de nós vivemos em função das nossas crianças, nos colocando sempre em segundo lugar e de alguma forma nos esquecemos que somos humanas e que precisamos também de acolhimento e afeto, mas sabem de uma coisa, mães como nós somos escolhidas por DEUS bem lá no fundo do seu íntimo, não sabemos porque, mas algo me diz que isso se trata de um propósito que nos é designado.

Diante de tudo que passei e carreguei, me sinto uma mãe feliz, porque fui privilegiada por ter escutado do meu filho um "EU TE AMO", um chamar de "MÃE", pois muitas por aí não tiveram esse privilégio.

Nos escondemos debaixo de sofrimento e vivemos muitas vezes os sofrimentos impostos por pessoas cruéis que nos rodeiam, mas olhe aquelas que lutam por seus filhos assim como eu, que nem as palavras vindas com desmotivação, me deixaram desistir, ah, e uma coisa bem importante, não deixe ninguém tirar o seu sorriso, ele faz parte da nossa evolução como mãe.

Cada levantar de dedo, cada rolar na cama, cada lágrima derramada, por mais pouca que seja, é uma grande vitória e, sim, celebrem como se fosse um grandioso acontecimento na vida de seus filhos e tenham paciência porque ela é uma das virtudes que devemos cultivar, pois dela nossos filhos precisam para se sentirem acolhidos e amados.

Eu sei e senti na pele olhares diferentes das pessoas para com meu filho, e dói, porque é uma dor avassaladora, que te deixa impotente, com vontade de matar, de ser mágica e fazer a pessoa sumir e ficar somente você e seu filho neste mundo que muitas vezes criamos para eles, porque dói e não queremos que eles passem essa dor, porque eu mesma queria essa dor para mim e não queria meu filho com ela, mas como sempre digo, Deus sabe de todas as coisas.

Sim, sou uma mãe "ATÍPICA" que conheci a dor e um amor maior sofrendo e lutando pelo meu filho e que nunca parei de sonhar com um lindo futuro para ele e posso muito bem deixar para trás muitas coisas por ele e para ele.

Quando chegamos nesse entendimento, tudo fica mais leve, não faço nada pro meu filho por obrigação, mas sim por amor que tenho e carrego no meu peito por ele.

E mães, amem cada dia e cada segundo seus filhos, porque eles nos foram designados para que nós como mães mostre o caminho e deixe que a direção sejam eles que tomem, mesmo que nessa direção tenha pedras, só oriente que muitas pedras tropeçadas podem ser removidas e que eles podem passar por elas sem danos.

Somos direção na vida dos nossos filhos, mas as escolhas serão sempre deles.

Capítulo 68

Uma família escolhida por DEUS

Deus nos capacita conforme a sua vontade.

Hoje meu João Victor tem 22 anos e 1 mês, um rapaz nascido em 15 de março, em uma cidade de um lindo projeto, onde a natureza fala por sim só, que veio sem aviso prévio, alegre e de uma inteligência sem igual, nos mostrou que seu amor era muito grandioso e que eu era a mãe escolhida, Rubens seu pai e Lucas seu irmão.

Uma família escolhida por DEUS com todo seu carinho e atenção, nos abençoou e continua nos abençoando.

Que nada que falem ou me mostrem vai me fazer sentir diminuída, ele me mostrou sua garra, que bravura ele tinha e tem porque não foi à toa que lutou pela sua sobrevivência e continua aqui entre nós.

Ele me fez uma mãe muito melhor, me mostrou que ter compaixão com os menos desfavorecidos era minha força, cada gesto meu de ajuda, era uma forma de ajudá-lo também. Eu hoje olho tudo que nos aconteceu como um grande aprendizado e uma grande evolução espiritual na minha vida principalmente.

Ele nos uniu em família, ele moveu igrejas e pessoas para orarem por ele, nos mostrou que mesmo nas nossas dificuldades DEUS estava lá, hoje cada sorriso do meu filho é música para meus ouvidos, eu ainda não perdi a esperança de ver meu filho falar e me chamar de mãe mais uma vez ou muitas vezes.

Me mostrou que ajudar crianças assim como ele era meu destino e que a espera faz parte da nossa evolução aqui nesta terra.

Um dia pensei, o que será que João Victor precisa para evoluir, ter evitado seu acidente talvez, mas depois pensando bem, acredito que não é ele a evoluir, mas sim eu, porque tudo que vivi e ainda vivo me mostra que eu precisava mudar e enxergar as coisas de uma outra maneira, ele talvez só precisava e ainda precisa de muito amor e cuidados que não medimos esforços para darmos a ele.

Ter uma maturidade espiritual nos mostra a grandeza que a vida nos traz, mostrando que estamos destinados a contribuir com a vida em uma grande evolução nesta terra.

Minha experiência relatada neste livro foi vivida com muita intensidade, acertando e errado foi assim que cheguei até aqui e dizer a vocês que a vida nos mostra dificuldades que precisamos superá-las, não espere chegar no fundo do poço para você se levantar, sempre podemos parar e olhar para dentro de nós e vermos que podemos nos agarrar antes de cairmos nesse abismo sem fundo e nem tentarmos achar o culpado quando muitas das vezes está dentro de nós e que se transformou em medos e desespero.

E sim, existe uma força maior que nos segura de uma forma inexplicável, só depende da nossa fé e a confiança nele, porque ele está sempre de mãos estendidas para seus filhos, basta abrir seus olhos e enxergá-lo.

Essa também é a forma de encerrar esse ciclo da minha vida e deixar para trás o que me magoou e me adoeceu e seguir em frente e começar meu novo ciclo de vida.

Estou feliz por ter chegado até aqui e que se DEUS achar que ainda preciso ter obstáculos em minha caminhada, que eu possa superá-las conforme a sua vontade.

Gratidão sempre!

Capítulo 69

Comentário final

Deixe para trás tudo aquilo que te faz mal, siga em frente, no final sempre tem um grande aprendizado.

Comecei a escrever este livro há seis anos, me deparei com obstáculos e medos.

Me dei ao privilégio de fechar meu computador muitas vezes e dizia para mim mesma, não vou abri-lo tão cedo, é, não é fácil reviver uma história em que você está inserida e que um dos seus amores e bem maior faz parte dela.

Meu choro era sempre um dos obstáculos, relembrar tudo que vivi me gerava dor, porque meu intuito foi sempre deixar para trás tudo que me fez mal e nos tirou de uma certa forma do nosso conforto familiar, mas que nos deixou marcas e grandes ensinamentos pelos caminhos.

Algumas vezes ouvia, vai mesmo escrever isso, não tens medo da repressão de outras pessoas, ou não conte isso, vai chocar e falar de espiritismo, não é tão fácil assim, ainda mais quando eu vivi muitas coisas nesse segmento.

Escolhi mostrar a todos que carrego os dons espirituais na veia. Não escolhi nascer com eles; simplesmente nasci assim. Hoje, trago comigo o dom do entendimento e não preciso escondê-lo. Pelo contrário, quero me libertar para que tudo flua com naturalidade.

Como sempre, lá estava eu, parando e deixando as pessoas me ditarem o que seria certo ou errado de alguma forma, mas olha que louco, uma manhã, tinha acabado de ter um sonho, e neste sonho eu produzia um material para uma nova publicação e este era na área de meu filho, com o tema "Os caminhos da paralisia cerebral, alimentação e a fisioterapia", acordei com mil ideias na cabeça, eu estava vendo tudo o que eu ia colocar neste artigo, até as planilhas eu via e até já sabia quem ia chamar para fazer parte desta publicação.

Então me levantei, peguei minha toalha e fui tomar um banho, ao entrar no banheiro escutei o sopro da voz, que me dizia com um sopro de grito" VAI TERMINAR O LIVRO DO JOÃO", parei no box do banheiro, a janela estava aberta e o sol lindo nascendo, porque era bem cedo da manhã, olhei para o céu e falei com DEUS, "é da tua vontade, Senhor?" perguntei e me veio uma energia surreal, de alegria e excitação, abraçou meu corpo e meus pensamentos, naquela manhã, decidi abrir meu computador e continuar meu livro, então parei e liguei para meu esposo e disse "me ajuda a terminar meu livro?" perguntei e ele me perguntou de volta, o que você precisa? De uma pessoa para cuidar do João por um tempo, eu respondi, "ele me disse, está fácil, ache e termine seu livro, se isso for seu desejo e aqui estou, nem acreditando que cheguei até aqui neste final".

Hoje posso dizer que algumas coisas superei, outras ainda não, mas continuo tentando porque acredito piamente que o que vim fazer aqui ainda não foi finalizado, que evoluir espiritualmente ainda é minha busca e espero ainda voltar e contar a vocês que meu filho falou e me chamou de mãe. Se assim for permitido por DEUS.

Hoje eu sei que estava onde deveria estar, mesmo tendo meus medos.

Pensar em voltar atrás não é um ponto positivo, mas sim deixar para trás o que realmente precisa ser deixado e olhar para o futuro com outras perspectivas.

Esta foi a minha libertação como ser humano, como mãe e como mulher!

Estou me permitindo viver, mesmo demorando para entender que meu filho não foi e não será meu obstáculo. Há um sofrimento sim, pois ele está presente, mas isso não me faz mais me torturar como sentia antes, ao contrário, hoje ele é minha fortaleza e DEUS é o meu refúgio.

E hoje eu entendo que não era João Victor que precisava de uma libertação, mas sim eu, que aprendi com ele, a amar, ser solidária, ser paciente e enxergar as pessoas com mais amor, compreensão e abraçar as dificuldades, mesmo achando que ela era um obstáculo na minha vida.

Acreditar sempre, que tudo tem uma razão e tudo tem um propósito.

Gratidão,

Maria Luciete Barbosa do Espírito Santo

Campina Grande, 5 de abril de 2024

As frases destacadas neste livro foram me dadas em vários momentos desta escrita, umas em sonhos na madrugada, outras pela intuição e outras por meio de sopros espirituais.

Relato de amigos para o livro

Anjos voam ao nosso redor o tempo todo,
nos trazendo paz e entendimento.

"Minhas lembranças voltam em um dia feliz com os meninos, foi um sábado, um final de semana muito bom para todos nós, os meninos brincaram o dia inteiro em casa.

João Victor, um menino com muita energia, o tempo todo correndo, brincando na piscina, esse era o jeito dele, sempre alegre.

Mas de repente na segunda-feira, tinha ido até o hospital fazer algo e me deparo com sua mãe em um estado que nem sei explicar, fiquei ali sem entender nada, fui perguntar e então soube do que tinha ocorrido com João Victor, aquilo me pegou de uma forma que eu não conseguia acreditar, disse pra mim mesma, não, não pode, ele estava na minha casa dois dias antes, um menino muito ativo e de repente ele estava lá, quase sem esperança de sobreviver, naquela incerteza, mas tudo nele era energia e graças a Deus ele sobreviveu, mas o sofrimento foi de uma grandeza avassaladora.

Mas eu tenho uma admiração muito grande por essa família, pois mesmo com tudo que aconteceu, não os via abatidos, mesmo sabendo que ali existia um sofrimento guardado, estavam sempre procurando sorrir, vocês sempre procuravam ver o lado bom de tudo que estavam passando, mesmo em meios a dificuldades. Se choraram este foi dentro de seu quarto, mas diante das pessoas vocês não mostraram fraqueza ou se vitimizaram.

Uma admiração grandiosa por vocês, duas pessoas com uma força muito grande e um amor enorme pelo filho, mesmo diante dos acontecimentos."

Rosenilda

Acreditar sempre...

Inúmeras vezes escrevi para o João, algumas deixei guardadas e outras resolvi viver, talvez vocês não entendam agora, mas logo será visível nas minhas falas.

Sempre resumi a vida do João em alegria. Das vezes que lembro dele quando criança, sou capaz de enxergar seu sorriso aberto, cheio de muitas palavras, que nem sempre cabiam em uma única frase.

Quando Luciete engravidou pela primeira vez, fomos invadidos por uma felicidade dupla, a de ver sua família iniciando e pelas dificuldades que sabíamos que ela tinha enfrentado para gerar esse filho tão esperado, Lucas veio carregado de amor. Já estávamos longe, por isso acompanhamos de longe seu nascimento, mas sempre atentos ao seu crescimento.

E a família foi mudando, tomando outras direções, cursos diferentes, cada irmão seguindo seus próprios caminhos, uns mais próximos dos outros, outros distantes, mas sempre nos comunicando e acompanhando as mudanças.

Em meio a tantas novidades, João chegou, entrou em nossas vidas trazendo uma paz que não sei explicar, para o pai e a mãe uma surpresa, lembro bem das palavras deles, uma alegria misturada com recomeço, porque um filho sempre nos dá a sensação de tudo de novo. Consigo fazer aqui uma volta nos acontecimentos e vejo muito cuidado, preocupação, surpresa e mudança.

Nossos planos são pequenas gotas em comparação à vontade de Deus. Lembro bem a primeira vez que vi cada um. João Grandão, como comecei a chamar, era realmente grande, mas Lucas também nessa idade era gordinho e sapeca. Fui passar uns dias na cidade em que eles moravam com minha irmã, levei comigo o meu filho mais velho, Hudson, e sem saber o mais novo na barriga, Rodrigo.

João Grandão me deixou perplexa, cheguei na madrugada e o vi pela manhã acordando, um menino lindo e realmente grande, tinha 8 meses e ainda não andava, no colo da mãe parecia um urso de pelúcia daqueles que vemos nas vitrines dos shoppings, que ninguém consegue perguntar o preço, por imaginar que vale uma fortuna. Cabelos cacheados, todo bagunçado, carreguei dois minutos e devolvi pra mãe com medo de não aguentar seu peso e cair.

Ele logo se afeiçoou e aos poucos fui conquistando sua confiança, ele estava de dieta porque o peso estava fora do normal, ajudei a andar, escutei suas primeiras palavras, brinquei com suas bolas, carros e tudo mais que ele encontrava pela frente, colher, panela, copo, o que suas mãos alcançavam viravam brinquedo e depois a tia lavava.

Ao retornar para casa, lembrava dele todos os dias e ficava imaginando como seria quando crescesse, que tamanho teria, tinha algumas certezas, alto, lindo e comunicativo eram umas delas.

De todos os dias que penso nele, lembro com mais saudades da última vez que fomos lá, já estava maior, cheio de causos para contar, sua fala bem desenvolvida, até demais, e sua comunicação aflorada. Meus filhos também crescidos, vivia comparando e imaginando eles juntos indo nas festas, paquerando as meninas, indo pra faculdade, ganhando o mundo, e lógico que seria eu a acompanhar, porque tia é pra esses sacrifícios, dividindo com as outras principalmente a tia Suzana a responsabilidade de levar nos melhores shows. Uma enorme alegria crescia nos nossos corações e empolgava nossas vidas, muitas brincadeiras e muitos sonhos que ficaram nas lembranças e na vontade de serem realizados.

Jamais poderia terminar esse pequeno relato sem falar da vida, João me ensinou a ser forte, a amar sem esperar o amanhã, a amar sem esperar ser amada, me mostrou o caminho da solidariedade e da humanidade. Sempre me pego rezando por aqueles que não tiveram e não tem a mesma oportunidade que ele teve, de um lar amoroso, cheio de gente alegre, cercado de muita felicidade, de pessoas que choram, mas que enxugam as lágrimas e recomeçam por ele e pra ele.

Escolhi escrever somente sobre os bons momentos, porque são muitos, sei que pra família o dia a dia não é fácil, tem tantos percalços e tantas dúvidas, muitas angústias e aflições, mas sei que tudo é superado por cada evolução, cada sorriso, cada história que é lembrada e vivida.

Somos hoje um pequeno ponto na vida das pessoas, marcamos a caminhada de alguém quando nos transformamos em vírgulas e não ponto final. Quero ser sempre muitas vírgulas na vida do João, todas elas cercadas de boas mudanças. Então vivo sempre buscando ser feliz, mesmo que nem sempre consiga, busco me desapegar de qualquer coisa que me lembre tristeza ou desânimo, a vida é muito curta, mas muito linda e prazerosa, para ficarmos sofrendo, estar em Deus é minha fortaleza, e creio que o maior motivo da vida do João está nas nossas vidas, é ensinar o caminho do amor, não qualquer amor, e sim aquele amor que só Cristo foi capaz de nos dar na cruz.

Finalizo aqui transcrevendo para vocês a lembrança mais doce que batata-doce que tenho do João Grandão:

João, com a bola embaixo do braço esquerdo, a mão na cintura, dedo apontando para a trave de futebol e o rosto fechado, muito cha-teado, disse:

— Tia, você pode conversar com o Lucas? Você acredita que ele não deixa eu fazer nenhum gol? Pode me ajudar a resolver isso?

Lucas, defendendo-se, respondeu:

— Mas tia, eu sou o goleiro! O João não quer entender que eu preciso defender a bola. Aí ele vem reclamar e ainda traz a bola.

— Lucas, espere a tia resolver e não vale chorar. Só me deixa fazer um gol, nem custa você ser legal comigo, né tia? — João retrucou.

E eu toda boba, admirando a desenvoltura deles dois. Quem ficou com a razão? Ninguém, a tia foi ser a goleira pra deixar o João fazer o gol e depois chutar o pênalti pro Lucas defender. Tantos sorrisos naquele dia que estou nesse momento sorrindo enxergando os dois naquele exato momento.

A ninguém deve ser negado a alegria de viver, a todos nós que vamos ler esses capítulos dessa vida gigante, que fique a certeza da grande oportunidade que Deus nos deu ao permitir que João nascesse para nós, e seu dia a dia seja um ensinamento de perseverança e feli-cidade. Amar é viver, que possamos transbordar amor e vida sempre!

Luciana Rosas

Sou prima do João Victor e agradeço o convite feito pela minha madrinha Luciete para fazer parte desse momento de depoimento neste livro destinado a João Victor.

Lembro-me de muitas coisas ao lado do meu primo, mesmo sendo apenas uma criança quando estive ao seu lado.

Quando ia à casa de minha tia gostava de ler histórias infantis para o João Victor, eu tinha um prazer muito grande em fazer aquilo era a minha diversão eu olhava para ele conversava passava horas e horas lendo para ele, mas ainda assim eu não entendia o motivo pelo qual eu não compreendia o porquê não falava e isso me deixou de ser um questionamento porque quando passei a brincar de adivinhação passava horas conversando com ele e imaginando o que ele queria me falar.

Eu tinha muita curiosidade em relação ao meu primo, não entendia nada quando me explicavam, os momentos da minha infância ao lado dele me renderam memórias lindas e divertidas. Mas meus questionamentos só vieram ter entendimento muito tempo depois, quando já tinha uma idade maior. Eu sempre me perguntava o porquê de as pessoas olharem o tempo inteiro com um olhar de tristeza e pena para ele, eu escutava as pessoas falando sobre o jeito dele e não entendia quando faziam comentários falando que sentiam muito pelo o jeito dele estar, eu não entendia por que amava o jeito dele, é o meu primo, o que tem o jeito dele por que as pessoas falavam que ele era especial diferente dos outros jovens.

Durante todo o tempo que passei ao lado do João Victor eu sempre escutava essas coisas e não entendia, então passei a ignorar cada comentário, não tinha motivo para eu me importar com essas coisas eu amava meu primo gostava de estar com ele, ajudar a minha tia a cuidar dele e normalmente eu ficava no quarto fazendo companhia pra ele enquanto ela fazia a comida dele, era uma diversão para mim.

Como falei anteriormente, tive ao lado de meu primo muitos momentos de diversão, então gostaria de compartilhar algumas dessas memórias ao seu lado. A lembrança que eu mas amo e a de quando eu lia para ele historinhas como os três porquinhos, Cinderela, Branca de Neve e Chapeuzinho Vermelho eram as histórias que eu mais amava ler, sentava na ponta da cama ou em um banquinho de madeira enquanto

SOB O OLHAR DE UMA MÃE

a minha tia preparava o banho dele eu lia conversava e ia perguntando se ele tinha gostado da história, às vezes a minha tia ficava com a gente ouvindo eu ler e também conversava com ele e comigo, sem dúvidas essa é a lembrança que eu amo. A outra tem um impacto um pouco maior na minha vida que foi quando eles se mudaram de estado foi um momento que me marcou muito, eu já era mais grandinha já entendia um pouco das coisas quando eu soube que eles iriam embora, uma tristeza ficou junto comigo eu iria entrar pela última vez na casa da minha madrinha, iria ler uma última vez pro João Victor e assim eu fiz, conversei com ele brinquei e no final do dia minha madrinha me deu duas pelúcias do João Victor que foram de grande importância para mim, a partir daquele dia eu passei a dormir com eles todas as noites e a ler as histórias que eu lia pro João Victor que também ficaram comigo durante toda a minha infância, eu sempre falava pros meus ursos sobre o João Victor e perguntava para eles se lembravam dele, na minha cabeça eles me respondiam e falavam que sim. viver esses momentos ao lado do meu primo me trouxeram diversas e coisas boas na minha vida. O convívio que eu tive com ele me ajudou a olhar com outros olhos para o mundo, ver a luta constante da minha madrinha e do meu padrinho pelo filho deles isso me fez aprender a amar cada instante da minha vida, eu sempre falo pra mim mesma que se o João Victor não fosse meu primo a minha infância não teria tanta graça e diversão que se o João Victor não estivesse presente não teria sido tão especial, teria sido sem graça, chato por que o que tornou as memórias que eu tenho mágicas foi por que ele estava lá, tenho muito orgulho de ver o esforço dos meus tios para cuidar dele e eu também sei que se eles não fossem escolhidos para ser pai de um menino tão especial a vida deles também seria chata pois o que torna ela maravilhosa são as pessoas que fazem parte da nossa caminhada e não poderia ser mais perfeito ter o João Victor como primo e como filho. Quando eu era criança, eu não entendia por que de muita coisa, mas eu sabia que tudo que meus tios faziam era pra serem os melhores pais possíveis pro João Victor e eles conseguiram.

Deixo aqui todo o meu respeito e admiração pela luta constante de todos os pais que têm filhos especiais, mas lembre-se que esconder eles do mundo não vai os proteger de nada, deixe que conheçam os filhos de vocês por que eu conheci e eu convivi com um menino especial que tornou a minha infância o momento mais mágico e bonito que eu tive.

Minha eterna gratidão aos meus tios que me permitiram viver cada um desses momentos ao lado dele, eu não poderia ser mais feliz e grata a Deus por ter me escolhido pra ser prima do João Victor, sempre foi e sempre será uma honra.

Maria Eduarda Barbosa Rosas

Ao certo, o que falar sobre meu irmãozinho, não há, como não me emocionar, pois passa um filme na minha cabeça, sobretudo nas nossas vidas, sobre como é precioso e amado e sobre como é sentir falta dele devido à distância.

Quando soube que iríamos ter mais um bebê em casa, meu coração se encheu de alegria, pois já tínhamos o Lucas e a gente ia ter mais um irmãozinho para amar.

Quando João nasceu, eu fiquei apaixonada, pois ele é lindo, era um bebê grande, fofo e cheio de dobrinhas.

Acompanhei seu crescimento, seus primeiros passos, o primeiro dentinho, o primeiro aniversário, as travessuras, o primeiro dia de aula. Ahh, como ele era muito inteligente, uma graça na escola, esperto e aos 4 anos já estava juntando as primeiras palavras e lendo palavras curtas. Sempre nos dando orgulho.

Mas essa infância linda foi interrompida por um grave acidente, que mudou para sempre a nossa família. Os detalhes creio que já esteja neste livro.

A nossa experiência pós-acidente foi um pouco assustadora, pois não sabíamos o que nos aguardava, os desafios, as preocupações e se algum dia nós teríamos o nosso João como era antes.

Apesar de tudo o que passamos para cuidar da melhor forma do nosso João, sempre fui e sou grata a Jesus por ter deixado ele vivo ao nosso lado e não ter permitido que fosse para sempre. De alguma forma, eu sempre sei que meu Joãozinho está aqui, rindo as vezes das nossas coisas bobas.

Como uma boa irmã, eu a amo e sinto sua falta, porém me alegra saber que ele está rodeado de pessoas maravilhosas que sempre ajudam a cuidar dele.

Sou grata a DEUS por permitir fazer parte da vida do João Victor e acredito sem temer que Deus tem um propósito incrível para realizar através da vida dele.

Com amor, da sua irmã.
Danielle Gois B. Correa

Em 2004 fui morar com a família do meu irmão mais velho, Rubens, na cidade onde residiam. Ele tinha 2 filhos que eu não conhecia, o Lucas, que tinha por volta de 5 anos e o João Victor, que tinha 2 anos. Quando cheguei em sua casa, João correu e me abraçou, feliz em conhecer a nova tia, e de minha parte o sentimento era o mesmo. Me conectei ao João de forma muito espontânea e instantânea. Ele, todo animado, falante, sorridente, queria mostrar logo os seus brinquedos, começou a me chamar de "tia Suzu" e eu o chamava carinhosamente de "Baju". Desde então, ajudava a cuidar deles, levar para escola, dar banho, dar o lanche, e principalmente, brincar de bola no quintal, era o que ele e o irmão mais gostavam. Acompanhei seu desenvolvimento na aprendizagem da leitura, aos 4 anos, João já lia muito bem, estava alfabetizado, sempre muito inteligente, terminava o dever de casa em um piscar de olhos, ele achava fácil demais aquelas tarefinhas. O dia a dia com duas crianças era um pouco cansativo, mas era muito prazeroso cuidar, brincar, passear, vê-los felizes quando eu fazia as vontades deles. Havia dias em que João pedia para dormir na mesma cama comigo porque eu ficava contando histórias para ele, estava na fase de parar de usar fraldas, às vezes fazia xixi na cama, e no meio da noite, ele mesmo se levantava, pegava seu lençolzinho e ia continuar a dormir com a mãe. Pouco antes do acidente, João estava se preparando para ir à escola grande, como ele chamava a escola de ensino fundamental e médio da cidade, iria para o primeiro ano do ensino fundamental, iria junto do irmão mais velho para a mesma escola, era um sonho dele. Infelizmente, não conseguiu usar a mochila nova, a camisa da escola, os cadernos, não acompanhou o irmão no ônibus. O acidente mudou a vida do João e da família. Após o acidente, João precisou ter uma rotina diferente, de muitos cuidados em casa, muitas idas ao hospital para tratamentos e consultas, e eu estava sempre ao lado dele, ajudando no cuidado, sempre com amor de tia coruja que sempre fui. Quando as condições de tratamento na cidade não eram mais suficientes, minha cunhada e meu irmão decidiram que o melhor era que João morresse em Manaus. Assim fomos, nós mudamos, a princípio somente minha cunhada, João e eu, e só depois vieram Lucas e meu irmão. Nessa época, João já tinha crescido muito, estava mais pesado, e por muitas vezes ele não queria ficar na cadeira de rodas ou no carrinho de bebê que ele usou por um certo tempo, por ser mais confortável, e eu precisava levá-lo no meu colo. Ele se sentia seguro quando eu o carregava, principalmente durante as idas ao hospital ou quando só estava chateado em casa, e colocá-lo no colo o acalmava. Estar ao lado do João me permitiu presenciar muitos avanços, que comemoramos a cada pequena conquista. Uma delas foi quando começou a sustentar a cabeça, um ganho que ele teve após fazer o tratamento com equitação terapêutica. Lembro-me que saímos logo após o almoço de casa, na zona leste de Manaus, para chegarmos à hípica, ficávamos em torno de duas horas no trânsito para voltar para casa. Chegávamos à noite, João voltava cansado, já vinha dormindo no carro. Além da hípica, íamos diariamente à fisioterapia, com a doutora Maíra Tupinambá, com quem fizemos uma boa amizade, João gostava dela também, mas em alguns dias, se exercitar não era o que ele gostaria de fazer, então, às vezes, ficava chateado, mas os pequenos avanços, como se sentar melhor, abrir as mãos, dobrar os joelhos, eram grandes motivos de alegria. Pude acompanhar o João e dar apoio à minha cunhada e ao meu irmão até 2012, quando fui trabalhar como professora, cursar o mestrado, me casar, e seguir minha vida em outra cidade. Conviver com o João desde os seus dois anos de idade, me permitiu vivenciar muitos momentos, alguns felizes e outros muito desafiadores, sempre buscando resiliência em Deus e no amor que sentimos por ele. Sou muito grata a Deus por nos presentear com sua vida, hoje um rapaz lindo, que nos inspira, nos alegra com sua força de vontade de viver.

Suzana do Espírito Santo

Falar sobre o João para mim é um grande desafio, foi tão único o que vivemos com ele que não conseguia imaginar como seria reviver aquilo tudo. Então como boa procrastinadora que sou fui adiando. Mas hoje vi uma foto do João no colo da mãe dele e pensei, fizemos o certo em não desistir dele.

Sabe aqueles dias tranquilos e calmos muito comuns em uma cidade pequena? Estávamos tendo um desses, quando eu voltava do almoço eu senti uma agitação e entrei pela emergência, coisa que eu quase nunca fazia, e foi quando eu me deparei com o João na emergência sendo reanimado, lutamos tanto. Eu não lembro muito bem de quem estava na equipe trabalhando, não lembro mais de todos os detalhes, mas lembro que foi muito angustiante para todos nós passarmos por isso, mas foi também um grande alívio quando estabilizamos ele e ele pode ser transferido.

O retorno do João foi um misto de alívio e medo, ver os grandes desafios de lidar com a paralisia cerebral causada pelo acidente não foi fácil. Mas lembro que adorava ir para sala de fisioterapia acompanhar as sessões para estar perto dele.

Sempre que conto histórias de milagres que presenciei na minha carreira, a primeira que conto é a do João, ele é a maior prova que Deus é perfeito, porque tudo que vivi com o João me ensinou uma grande lição, não desistir.

Ivana

SOB O OLHAR DE UMA MÃE

Em 24 de dezembro de 2007, conheci o pequeno João Victor Barbosa do Espírito Santo, 5 anos de idade. Trabalhava como Fisioterapeuta no Hospital Beneficente Portuguesa em Manaus-AM.

Na época fui acionada pelo médico responsável pela medicina hiperbárica e oxigenoterapia para realizar uma avaliação fisioterapêutica no João Victor.

João veio de uma cidade que fica no Pará e estava acompanhado de sua mãe, Luciete Barbosa. Ao avaliá-lo, ela relatou a história do ocorrido e todos os passos que trilharam até chegar a hiperbárica. Seu diagnóstico era de anoxia cerebral por quase enforcamento, com sequela de quadriplegia hipertônica. Ouvi atentamente cada detalhe e realizei os exames necessários para sua avaliação.

Ao olhar aquele rostinho doce e calmo, confesso que meu coração foi além do profissional, onde conectei automaticamente com ele e sua família, especialmente a sua mãe, Luciete, a quem até hoje tenho muito carinho e apreço.

Iniciamos em seguida o seu tratamento fisioterapêutico, onde era realizado de segunda a sexta após 1 e 1/2 h de oxigenoterapia hiperbárica (fisioterapia motora e respiratória). ao receber alta da medicina hiperbárica continuamos seu tratamento ao longo de 6 anos (até 2013).

Em todo o período que pude acompanhar e tratar o João Victor tive uma única conclusão. Ele é muito forte, iluminado, resistente e um verdadeiro vencedor. Venceu um quase enforcamento acidental, venceu 28 dias na UTI, venceu sua dificuldade de deglutição, dificuldade motora e respiratória e venceu a cada dia a Vida. Nem consigo conter as lágrimas ao lembrar quão doce e cooperativo é o João Victor.

É com enorme carinho e alegria que escrevo este relato, criamos um verdadeiro laço ao longo desses anos de atendimento. Sou muito grata à oportunidade de ter cuidado carinhosamente de você, João, me ensinastes como é bom ser perseverante e doce. Grata a Deus por ter conhecido essa família incrível Barbosa do Espírito Santo, é linda a união e dedicação de vocês com a recuperação dele. Grata pela confiança, querida Luciete, és uma mãe admirável. Tenho 19 anos de formada e ao longo desses anos de atendimento não conheci ninguém mais dedicada e positiva como a Lu. Obrigada por permitir fazer parte desse momento compartilhando esse relato. O João Victor faz parte da minha história e sempre o levarei em meu coração, mesmo a distância. Como é maravilhoso ter vivenciado essa etapa da vida do João!

Um abraço carinhoso!

Dra. Maíra Tupinambá (Fisioterapeuta)

SOB O OLHAR DE UMA MÃE

Lembro-me bem do dia em que recebi a ligação de uma moça em busca de meus serviços de fisioterapia, lembro ainda que ela tinha um sotaque diferente e expressava que tinha pressa para agendar a consulta em domicílio.

Ela buscava um profissional que tinha conhecimento em neuropediatria para atender ao seu filho, o João Victor, o atendimento, ela estava decidida e sabia exatamente o perfil de profissional para atender o seu filho. Lembro-me como se fosse hoje que ela tinha urgência em conseguir esse profissional, e, portanto, agendamos imediatamente a avaliação do João.

Chegado o momento de fazer avaliação, cheguei a residência deles e lá me deparei com uma mulher loira, jovem com idade aproximada à minha, com um sotaque de não tinha ouvido antes e que em seu olhar buscava por ajuda. Meu "sexto sentido" nesse momento me disse que eu tinha uma missão com aquela mulher.

Imediatamente ela me direcionou até o João, um menino com sequelas neurológicas muito visíveis, magrinho e muito bem cuidado e a partir desse momento que tudo toma um rumo diferente que fez com que tivéssemos uma ligação muito grande, surgia ali não apenas uma relação de um familiar e paciente com um profissional, surgiu uma amizade que pra mim é muito preciosa.

Iniciei a minha avaliação, fazendo uma anamnese sobre a história clínica do João e foi nesse momento que percebi que se tratava de um caso muito peculiar. A princípio, confesso que fiquei meio desconfiado, pois o acontecimento do acidente do João parece coisa de filme. Não tem aqueles filmes com casos investigativos? Foi meio que isso, pois nos remetia a situação de crime ou espiritual, nos dois casos possíveis casos, ambos eram estranhos pra mim.

Nesse primeiro contato, ao terminar a avaliação, iniciei comunicando a Luciete, a mãe do João, os achados clínicos e o que poderíamos fazer para melhorar, mas ela, na condição de mãe, gostaria de ver o filho andando e com grandes evoluções clínicas.

Chegou o momento em que disse para ela que o João Victor era um paciente neurológico, que não tinha prognóstico para voltar a ser uma criança "normal", que era o que ela exatamente buscava. Ainda deixei claro que o João era um paciente de manutenção.

257

Naquele momento, ficou claramente estampada na face dela a decepção, pois ao passar por vários outros fisioterapeutas criaram nessa mãe expectativas que as obras humanas são impossíveis.

Percebi claramente a tristeza e ao mesmo tempo desconfiança de que eu estava errado nos olhos daquela mãe. Nossa, eu me senti mal, pois parecia que naquele momento eu tinha murado ela.

Ao sair de lá, combinamos a agenda de atendimento semanal para dar início ao tratamento fisioterapêutico, mas eu sinceramente achei que ela iria cancelar, pois eu fui o único fisioterapeuta entre os vários que atendeu o João que falou o que precisava ouvir e que ninguém nunca falou, simplesmente eu desconstruí todas as expectativas dessa mãe.

Já na primeira semana de atendimento, ela me enviou uma mensagem ou fez uma ligação, não me recordo bem, mas ela me informou que estaria indo para sua cidade natal pois seu pai tinha falecido. Achei estranho, pois dias antes ela parecia ter previsto esse acontecimento.

Ao retornar, continuamos as terapias do João e aí começamos a conhecer as histórias de vida um do outro e aí percebi que tínhamos muitas coisas em comum, no que diz respeito à pressentimentos e coisas desse tipo.

Uma vez ao questionar sobre o acidente do João, ela falou que antes não aceitava a condição de seu filho e que gostaria de estar no lugar dele e foi nesse dia que ela comentou sobre a Maíra, uma fisioterapeuta numa ocasião em que atendia o João, segundo Luciete, certa vez a Maíra disse que o que João estava passando, talvez tenha sido ele que tenha escolhido vir ao mundo assim. Maíra, nesse momento, estava querendo dar uma solução para os questionamentos de Luciete que não aceitava que seu filho estivesse numa condição neurológica complicada, sendo totalmente dependente de outros.

Nesse dia a Maíra acendeu uma luzinha na cabeça dessa mãe, que buscava respostas que pudessem consolar o seu coração.

Desde então, criamos confiança um no outro e o que era para ser apenas uma relação profissional, passou a ser uma amizade.

Conversávamos muito sobre nossas famílias, problemas, religião, vale salientar que nesse período em que nos conhecemos éramos bem católicos. Lembro que ela tinha um pequeno altar com alguns santinhos no qual ela colocava em um local central da sala e acendia velas.

Passaram-se alguns anos e eu percebi que ela não tinha amizades, a única pessoa fora do contexto familiar dela era apenas eu. Ela não costumava sair, ficava sempre em casa cuidando do João e não confiava que mais ninguém cuidasse do João a não ser ela. Isso passou a incomodar-me pois estava vendo a vida dela passar dia após dia e ela continua nesse ciclo infinito.

Aos poucos ela foi se conscientizando até que surgiu a oportunidade de fazer faculdade de Nutrição, mas ela ficou muito insegura pois achava que não seria uma boa mãe se tivesse que tirar algumas horas do seu dia para investir em si própria. Lembro-me que nessa fase eu a incentivei a estudar e às vezes via que ela parecia fraquejar, até que ela tomou rumo e encarou o desafio. Estudar não foi o maior desafio, o seu maior desafio foi ter um olhar para si própria e não apenas para o João, pois ela vivia única e exclusivamente para ele.

Voltando para a questão espiritual, começamos a buscar respostas para o acidente do João e entramos num caminho sem volta, começamos a buscar respostas baseado na fala da Maíra, a antiga fisioterapeuta do João, que era espírita. Confesso que fiquei muito intrigado com isso, mas ao mesmo tempo algo me levava a investigar nesse sentido da espiritualidade.

Até que durante a pandemia eu perdi um sobrinho em um acidente de moto e passei por um processo de pânico, ansiedade e depressão. Eu estava sentindo na pele o que a Luciete sentia em relação ao João quando os conheci. Era uma dor que não passava, eram pensamentos que não saíam de minha cabeça era a culpa que achava que tinha.

Nesse momento, fui buscar respostas. Até que um dia fui ao shopping e vi um livro que explicava o que acontece quando morremos. Contei sobre o livro para Luciete, pois o livro nos dava respostas que precisávamos saber. Lembro-me que o livro falava que a morte não existe, que somos energia, e quando desencarnamos apenas saímos do estado de matéria.

Desde então, comecei a buscar conhecimento no espiritismo em redes sociais, livros e até ir a um centro espírita. Nesse período Luciete também ficou muito curiosa sobre o tema e desde então buscamos conhecer mais sobre a doutrina e muitas das respostas que buscávamos foram encontradas.

Nosso encontro, não foi por acaso, o acidente do João não foi por acaso, não entramos nas vidas uns dos outros por acaso, nada é por acaso, tudo é reflexos de nossas escolhas antes de virmos para esse plano que é apenas passageiro. Nos encontramos aqui porque precisávamos descobrir a espiritualidade juntos.

Tudo tem explicação aos olhos da doutrina espírita e uma das coisas que eu tenho certeza é que a ligação que tenho com Luciete é de outras vidas.

Quando sonhamos, quando pensamos, que temos intuição, quando ela escuta vozes, quando sentimos as energias que nos cerca, estamos vivenciando a espiritualidade. Nós, eu e ela, precisávamos perder algo para buscar respostas e despertar o que está em nós e não podemos negar, somos médiuns só não aprendemos ainda como usar isso a favor das pessoas. De uma coisa eu tenho certeza, os acidentes de João e de meu sobrinho aconteceram por programação divina e que aos nossos olhos humanos foram perdas, mas para a espiritualidade foi a maneira que precisávamos para evoluir nesse mundo de provas e expiações. Eles, o João e meu sobrinho falecido, apenas tinham a missão de nos ajudar a despertar e melhorar nesse plano para que possamos voltar ao lar como espíritos melhores.

Quando nossa parte aqui for feita, retornaremos à Pátria (plano espiritual), mas de uma coisa eu tenho plena certeza, nossas almas sempre se encontrarão pois a nossa ligação é eterna.

Ah, quanto ao João, ele foi a chave para que eu pudesse encontrar sua mãe e nós descobríssemos juntos dentro do campo da espiritualidade, eu talvez também tenha vindo com a missão de cuidar dele, quem sabe se em vidas passadas eu o fiz mal e tenha vindo agora para reparar o que fiz.

Existem muitas possibilidades para explicar nossas ligações, mas a única certeza que temos é que a vida é eterna e que nos encontraremos sempre em outras e outras vidas.

Erivan Ângelo (Fisioterapeuta)

No ano de 2007, trabalhava no hospital do interior do estado do Pará atendendo os mais diversos casos que apareciam, porque ali eu era a única fisioterapeuta da cidade.

Foi então que surgiu para mim um caso que me deixou extremamente tocada, uma criança de cinco anos que tinha sofrido um acidente doméstico, com consequente sufocamento e anoxia cerebral. Não conhecia a criança, um menino chamado João Victor, também não conhecia sua família, mas assim que tivemos contato, eu já sabia o desafio que seria atendê-los, porque naquele momento todos estavam muito impactados com o que tinha acontecido e não é fácil você aceitar uma mudança tão drástica, quanto aquela que tinha acontecido na vida dessa família, com tudo, apesar dos desafios que estavam postos a eles, eu pude perceber que a fé, a garra e a esperança que eles depositavam no tratamento da criança eram extraordinários, então eu me vi com uma enorme responsabilidade, a de suprir mesmo que minimamente as expectativas daquela família. Sentei, estudei o caso com todo carinho e então comecei os atendimentos e à medida que as dúvidas dessa família surgiam em relação ao tratamento, eu ia tentando explicar de uma forma mais leve, para não sobrecarregá-los com tantas informações mais do que era necessário, afinal aquela situação já era muito complexa.

Atendi o João Victor por longos meses e a família sempre foi muito disciplinada em relação ao tratamento dele, cumpriam todos os protocolos rigorosamente. Na parte técnica, como havia tido uma lesão cerebral, os avanços ainda eram muito lentos, como já era de se esperar, devido à gravidade das sequelas, mas eles nunca deixaram de procurar os melhores recursos para oferecer uma boa qualidade de vida ao João.

Essa é uma história de amor, fé, superação e muita, mas muita entrega.

Regiane Ribeiro (Fisioterapeuta)

Todos aqui neste livro (em relato) foram anjos enviados por Deus na vida e caminhada do meu filho João Victor.

Amo vocês!